世界の野菜を旅する

玉村豊男

講談社現代新書

2055

はじめに

野菜を食べるときに、その原産地がどこかを考えている人はおそらくいないだろう。

しかし、何千年も昔から、野菜は世界中をまたにかけて、私たちが想像もしないような旅を続けてきたのである。

タマネギは、もっとも古くから人間に利用されてきた野菜のひとつだが、原産地はインド西北部からウズベキスタン、タジキスタン、アフガニスタン北部あたりにかけての山岳地帯と推定されており、その野生種が、紀元前五〇〇〇年頃までにペルシャ（現在のイラン）で作物化されたらしい。そして、その二千年後には、古代エジプトでピラミッドを建設する労働者のエネルギー源として役立っていた。

そんな大昔に、カスピ海の東にある山の中から北アフリカの海岸まで、誰がどうやってタマネギを運び、栽培することを教えたのだろう。

それだけでも十分不思議なことだけれども、さらに、その途方もなく古くからあった野菜がアメリカ大陸に伝わったのは、コロンブスが十五世紀末にインドと間違えてカリブ海の島に上陸して以降のことで、アメリカ東海岸に到達するのはそれから百年後のことだという。そのアメリカが、現在は世界最大のタマネギ生産国だ。

野菜をめぐる旅の物語は、さまざまな不思議に満ちている。

いまアメリカ人に、あなたが感謝祭やクリスマスの七面鳥料理の詰めものに使っているタマネギは、イランかアフガニスタンから来たものですよ、といったら、信じないどころか、怒り出すのではないだろうか……。

私は野菜が大好きで、毎日おそらく人の三倍から五倍の量を食べていると思う。自分の農園で野菜を育てはじめてからも、そろそろ二十年が経つ。最初は自分で育てた野菜を自分で料理して食べるためだったが、そのうちに農協の組合員としてトマトやトウガラシやズッキーニを出荷するようになり、いまは採りたての野菜を農園の中のレストランで料理として提供している。そして、外国へ行けばかならず市場や種苗店《しゆびよう》をめぐって珍しい野菜やその種を探し、できるかぎり持ち帰って自分の畑で育ててきた。

もちろん、私が野菜を食べるときに、原産地のことやその後の物語についてつねに考えているわけではない。が、それでもときどき、食べながら本で読んだいろいろな逸話を思い出したり、家で食べていてふと疑問が生じたときは、本棚に並んでいる野菜の本を見にいったりもする。書斎の本棚には、外国で買ってきた野菜や野菜料理の本がたくさん並んでいる。

野菜を育てて収穫し、それを自分で料理して食べる。旅で新しい野菜を知り、それを本で調べる。本で調べた野菜の種を次の旅で買い、それを栽培して収穫する……という円環の中から、この本は生まれた。

いくつかの主要な野菜についてではあるが、旅先でそれらの野菜に出会った光景から、料理のつくりかた、実際に栽培した体験、さらにはその野菜の起源と歴史、逸話や伝説など、筆のおもむくままに書き連ねたので、たがいに脈絡はないかもしれないが、私がその野菜に接したときにどんなことが頭の中に浮かぶか、そのイメージをたどったらこんなふうになるかもしれない、という本でもある。

野菜を食べることは、その野菜がもつ物語を食べることだ。

旅をする野菜を、旅をしながら考える……身近にある野菜のことを思い浮かべながら、私といっしょに世界を旅してもらえたらうれしい。

目次

挿画——玉村　豊男

第1章　赤ん坊はキャベツから生まれる

ポルトガルの味噌汁

ポルトガルを旅していると、ときどき、この国なら長いこと暮らしていけそうだ、と感じる瞬間がある。

そういう感想を漏らす日本人は、私だけではない。人は優しいし、生活のリズムは穏やかだし、魚を塩焼きにして食べるし、コメのおじやもおいしい。それに、なんといっても味噌汁があるのだから……。

コメを食べる国は世界中にあり、いまは日本の料理がブームだからどこへ行ってもスシを食べることはできるが、魚の塩焼きというのは案外見つからない。ポルトガルの大西洋岸にあるナザレはイワシの塩焼きが有名で、野外で新鮮なイワシを焼く光景が観光客に人気だが、ああいうふうに、網にかけた魚を直火で煙を出しながら焼く、という習慣を日常食の料理法としてもつ地域は、ヨーロッパではほとんどイベリア半島から地中海にかけての一帯に限られる。

日本から、海を伝ってアジアの各国を訪ねても、中国、インド、中東諸国を通じて、魚は煮たり揚げたり鍋で焼いたりすることはあっても、網に載せて直火で炙《あぶ》る光景を見ることとは、特別なレストランでもない限りめったにない。

だから、ナザレでイワシの塩焼きを見ると、日本人は興奮するのである。それでもポルトガルは西洋だから、レストランに入って食事をしようとすれば、料理はコースで出てくる。塩焼きの魚はメインディッシュだ。コメは魚のつけ合わせにしてもらうよう頼むとして、さて、その前になにを食べようか。

「それなら、ぜひ、カルドヴェルデをお召し上がりください」

ポルトガル人に聞けば、誰もがきっとそういうに違いない。「緑のスープ」という意味のカルドヴェルデは、ポルトガルの家庭料理を代表する、まさしく国民食とでもいうべき存在だからである。

というわけで、あなたはメインディッシュの前にスープを注文する。が、運ばれてきたカルドヴェルデを目にすると、あれ、どこかで見たことがあるような……と首をひねるだろう。そしてスプーンですくおうとするとき、そうだ、これは青菜の味噌汁ではないか、と思って驚くのだ。それほど、よく似ている。

緑のスープの「緑」は、キャベツである。細く長く切られたキャベツが、汁の中にたっぷり入っている。スープにはとくに濃い色がついているわけではないが、汁をスプーンでかきまわすと、底のほうからなにやら濁った粉末のようなものがモワッと立ちのぼってきて、そのありさまが、薄い味噌汁の中を味噌が漂うようすによく似ている。

この味噌に似た粉末の正体はジャガイモである。マッシュポテトのようになったジャガイモがスープの中に入っていて、飲んでみると、心なしか、色や状態だけでなく、味までが味噌に似ているような気がしてくる……。

キャベツが立っている国

私は、はじめてこのスープを口にしたとき、ポルトガルの国民食の中に、ヨーロッパ大陸で数千年も前から栽培されてきたキャベツと、近世になってアメリカ大陸から伝来したジャガイモが同居していることに興味を覚えた。そして、野菜の市場に行ってキャベツが売られているところを見て、ますます興味をそそられたのだった。

市場には、いたるところにキャベツの葉が山のように積まれていた。キャベツの葉の山のあいだには、体格のいいおばさんたちがいて、その葉を大きな包丁で切っている。包丁というか、頑丈な木製の台にとりつけた長い鋭い刃で、キャベツの葉を断ち切っているのだ。こういうキャベツ切りの道具はドイツにもあって、ザワークラウトという乳酸発酵させたキャベツの漬物をつくるために使うが、ポルトガルではカットした葉をスープに入れて煮るのである。

大きな市場の野菜売場を占領しているのは、細く切られた濃い緑色の硬そうなキャベツの葉と、カットされる前の大判の葉ばかり。別の小さなコーナーで「ロンバルディア（イタリアの）キャベツ」という名で縮緬《ちりめん》キャベツがわずかに売られていたが、ポルトガルでは、私たちがイメージする丸いキャベツは肩身が狭いようだった。

この国のキャベツは、長い茎をもつ背の高い植物で、その茎から葉が互生している。タチアオイのように、左右交互に一枚ずつ、大きな緑色の葉が茎から出ているのだ。

食用に収穫するときは、その葉を一枚一枚、掻《か》きとって束ねる。タバコの葉を収穫するのと同じような作業である。だから、市場に出荷されるのは葉っぱだけで、茎もなければ丸い塊も見当たらないというわけだ。

それを知った私は、立っているキャベツがどこにあるのか、やっぱり田舎の村まで行って農家に畑を見せてもらうしか方法はないか……と思いながら、バスに乗って町を走っていたら、なんと、民家の庭先にキャベツが立っているではないか。

道路に面したふつうの家の、門から玄関までのわずかな距離の左右につくられた猫の額ほどの庭に、話で聞いた通りの「立ちキャベツ」があった。

それから注意して見ていると、結構あちこちにこのキャベツがあって、多くの家で一本から数本のキャベツを自家用に栽培していることがわかった。

キャベツがもともと結球する植物でないことは、知識としては知っていた。が、実際に立っているキャベツを目撃して、しかもそれが日常に食べる野菜として親しまれている国にいま自分がいるのだと思うと、私はまるで野菜の歴史そのものを旅しているような気分になって、深い感慨を覚えたのだった。

青菜が結球する理由

私が畑で野菜をつくっていると聞いて、知り合いから問い合わせの電話がかかることがある。キャベツは最初から小さな丸い球が土から顔を出して、それがだんだん大きくなるのか。それとも最初はふつうの葉が出て、それが大きくなるにつれて丸まっていくのか。子供から質問されたが、答にいまひとつ自信がない……。

たしかに、スーパーで売られているキャベツは薄いグリーンの葉がしっかりとたがいに重なっていて、無理に剝《は》がそうとすると破れてしまう。茎の根元に近いところで白い葉脈を切れば一枚ずつ剝がすことはできるが、それでも中のほうでは白っぽい葉がもっと複雑なかたちに絡み合っているから、最初から丸いかたちに育つのでない限り、あとからこんなになるなんて考えられない……と思うのも無理はない。

畑に生えている収穫前のキャベツを遠くから見ると、まず外側に大きな濃い緑色の葉が何枚も放射状に生えているのが見える。で、もっと近づいて、その緑の葉に囲まれた中心のところを上からのぞくと、そこに薄い緑色の球状の塊があるのがわかる……という具合に全貌があらわれる。

それを見れば、たとえ小さい苗の頃の状態は知らなくても、たくさんある葉が内側のほうから重なり合って丸くなっていったことは想像がつくのだが、農家がキャベツを収穫するときは、外側の濃い緑色の硬い葉は捨ててしまい、丸まった部分だけを取り出して出荷する。だから、キャベツは薄緑色で丸いもの、というイメージができてしまうのだ。

キャベツ、レタス、ハクサイなどは、結球する野菜である。結球、というのは文字通り、球を結ぶ、つまり、丸くなる、という意味だが、自然界には最初から勝手に結球する植物は存在しない。丸くなるのは、人間がそうなるように改良したからである。

アブラナ科のキャベツも、キク科のレタスも、もともとは、放っておけば葉がまっすぐに伸びていく、菜の花や春菊のような青菜である。

ところが、青菜を育てる過程で過剰な栄養を与えると、葉の数がどんどん増え、そのうちに増えた葉は行き場がなくなり、しかたなく内側に向かって巻きながらたがいに重なり合うようになる。これが結球という現象で、もちろんふつうの青菜に栄養を与えればなんでも丸まるというわけではなく、葉の形状や葉脈の反りかたなどから適性をもったものを選んでかけ合わせるなどして、長い時間をかけて品種を改良していったのだが、人間がある目的に沿って意図的に介入しない限り、結球する野菜というものはできなかったことはたしかである。私たちの祖先は、わざわざ結球した野菜をつくるために、そうした努力を重ねてきたのだ。

結球することの利点は、葉がやわらかくなり、白くなることである。たがいに重なり合うから、中のほうの葉には太陽が当たらない。このように日を当てないで葉や茎を白くやわらかくすることを「白軟化」といい、土から顔を出さないようにして育てるホワイトアスパラや、暗いトンネルで栽培するウドやチコリなどさまざまなケースがあるが、キャベツやレタスは結球によって白軟化した野菜の代表的なものである。

金髪なまけデブ女

それにしても、なぜ私たちの祖先は、白くてやわらかい野菜を求めたのだろうか。

いまの私たちの感覚からすると、緑黄色野菜、という言葉があるように、健康によいのは色の濃い野菜……ではないのか。濃い緑色の葉の野菜と較べると、白っぽい淡色の葉をもつ野菜は、ビタミンもミネラルも少ないような気がして、栄養のために積極的に食べるものではないと私たちは思いがちだ。

しかし、昔の人は、野原に生えている野草や、山から採ってくる山菜が、硬くて青臭くて困っていたのだ。どれもヒョロヒョロと伸びた細い草ばかりで、たくさん採ったつもりでも握ればひとつかみにしかならない。いくら煮てもやわらかくならず、繊維ばかり多くて噛み切れない。もっと、やわらかくて、青臭くない、大量の葉がいっぺんに採れる植物はないものか……。

そう思って、人は野草や山菜を人家の近くの畑に植えて栽培することを試みた結果、肥料を与えれば葉が大きくやわらかくなることを知り、そして、とうとう、それらの野菜のうちのいくつかを、結球によって白軟化することに成功したのだ。

白くて、やわらかくて、大量の葉が一度に採れるキャベツやレタスは、昔の人にとっては憧《あこが》れの野菜だったのである。

ところで、私の農園では、キャベツはつくっていない。試みたこともあったが、無農薬ではどうしても虫に食われてしまい、苗が生長してようやく結球する頃には葉が穴だらけになっているからだ。

レタスも同じように虫に好まれるが、まだあまり気温が上がらない時期なら虫も少ないので、梅雨が来る前に収穫できるように育てている。なんといってもナマのまま食べられる野菜はうれしいし、畑から採りたてのレタスは本当においしいから、毎年五、六種類のレタスを栽培している。

これまでに栽培したことのあるレタスの品種は十種類以上にのぼるが、その中に、「グロッス・ブロンド・パレッスーズ」という名の品種があった。

パリのセーヌ河畔にある種苗店で買ってきた種で、フランス語の名を直訳すれば、金髪なまけデブ女、となる。

凄《すご》い名前だが、太った（グロッス）というのはサイズが大きいことを、金髪（ブロンド）というのは色が白いことを、なまけ女（パレッスーズ）というのは薹《とう》の立つのが遅いことを示している。

金髪なまけデブ女は、いわゆるバターヘッドレタスといわれる種類で、指で触れるとまるで脂肪分があるかのような滑らかな肌ざわりの、きれいな明るい淡緑色の葉、それに、大きくて全体の巻きがやわらかいので、テーブルに置くとグズッとしなだれかかるような風情も、いかにもその名にふさわしいレタスである。

食味もよく、ドレッシングで和《あ》えてサラダにすると実においしいレタスだったが、日本人はどちらかというとシャキッとした歯ざわりのあるタイプを好むせいか、東京のスーパーに出荷してもいまひとつの人気だったし、ワイナリーのレストランでサラダにして出しても、私が期待するほどは受けなかった。

英国式収穫法

レタスの「レ」は、「カフェ・オ・レ」の「レ」と同じで、ミルクという意味である。日本語では「ちしゃ」あるいは「ちさ」と呼ぶが、この「ち」という語は「乳」の意で、古くは「乳菜」と書かれることもあった。

レタスを収穫するとき、茎の根元を切ると、切った断面から白濁した汁が滲《し》み出る。そのままにしておくと汁はすぐに断面いっぱいに溜まり、ほどなくして滴り落ちる。その白い汁を、昔の人は乳（ミルク）にたとえたのだ。

この白い汁は、舐《な》めるとほろ苦いが、古代ギリシャではこの汁には催眠作用があると信じられていた。そのためこの乳液を乾《ほ》して固めたものを催眠剤や鎮痛剤として麻薬のように用いたといわれるが、ナマの汁をいくら舐めても眠くはならない。

しかし、茎を切れば流れ出してしまうこの乳液は、レタスが生きているあいだはからだじゅうを巡っている体液であるわけだから、当然、食べたときの味に大きく影響するだろう。それがレタスのからだを構成する重要な要素であるなら、新鮮なレタスのもつ独特な風味に欠かせない要素であるに違いない。

そう考えると、レタスをおいしく食べる方法は、生きているうちに食べることだ。茎を切って収穫すれば、どんなに丁寧に運んだとしても、市場に到着する頃には大半の乳液が流れ出している。それより畑に生えているレタスをそのままかじるほうが、絶対においしいはずではないか。

初夏の畑を見まわるときは、レタスをつまみ食いするのが楽しみだ。日が昇ってまもない早朝、まだ夜の冷気が肌に残っているレタスの葉を、ぐいっともぎって口に運ぶ。ときには丸のまま引っこ抜いて、乳液が滴り落ちる前にかぶりつく。甘くて、ほろ苦くて、青い香りが鼻腔《びこう》をくすぐる。塩をつけなくても、そのままで十分においしい。

最近は安全で新鮮な野菜を売りものにする料理店が多いが、レタスの活造りというのをやったらどうだろう。

店先に、レタスの畑をつくる。

露地栽培が望ましいが、無農薬なら水耕栽培でもダイオード照射でもいい。

レタスの活造りを注文するお客さんは、その畑に生えているレタスから好きなものを選んで、それをすぐに調理してもらうのだ。生簀《いけす》を泳ぐ魚を活造りにしてもらうのと同じ要領である。いや、それならいっそのこと、鉢植えのレタスをそのままテーブルに持ち出して、直接手づかみで食べてもらったら……。

私は、レタスを収穫するときは根っこごと引き抜いて、食べる直前に茎を切るようにしている。そのほうが、台所は泥だらけになるが、少しでも乳液の流出が避けられるだろうと思うからだ。

が、あるとき、英国の園芸家から、もっとよい食べかたがあることを教えられた。

レタスは、一挙に収穫しなくてよい、というのである。まだ十分に結球しない、巻きが緩いうちに、外側から食べたい分だけ葉を剝《は》いでいけばよい。その日に食べる分だけをそうやって収穫し、ひとつずつ順に葉を採りながら畑をひとまわりしたら、またもとのレタスに戻る。そうすれば中心が結球するまでに何回かつねに新鮮な葉を収穫することができ、しかも、折り重なって湿ったり汚れたりしやすい外側の葉を取り除くことで、ナメクジに食われる被害も少なくなる……。

ナメクジだけではないが、たしかに植物にとって余分な葉のあいだに湿気が溜まるのはよくないことで、こうすれば病虫害も少なくなるだろう。どうせ、外側の葉は残しておいても最後は剝《む》いて捨ててしまうのだから。

それに、この英国式収穫法は、薹《とう》立ちが遅くなるという利点もあるそうだ。

花のつく茎のことを薹といい、青菜を食べる野菜では、薹が立つ（中心の茎が生長する）と葉が硬くなるので、薹が立たないうちに丸ごと収穫してしまう。

収穫しないで放っておくと、薹はぐんぐん伸びてその先端に花をつける。

レタスやキャベツの場合でも、結球しても収穫しないでいれば、いったん結球した丸い塊の中心を破って薹が伸びだし、やがて、花をつける。だから翌年に播《ま》くための種を取ろうと思う農家は、そうやって畑の隅のほうの何本かを収穫せずにそのまま生長させておくのだが、そうした特別の目的がない限り、薹立ちはできるだけ遅いほうが望ましい。

その点、外側の葉を定期的に取っているとなかなか薹が立たない、とその園芸家はいうのだが、これは葉を採られたために生長が阻害される……ということなのだろうか。

そういえば、例の金髪なまけデブ女も薹立ちが遅いのが自慢だった。

日本では、

「彼女も薹が立った」

といえば、もう若さを失った、盛りを過ぎた、という（いまの時代にはとても人前で口に出せない）侮蔑的な意味になってしまう。だからいつまでも若さを保って「薹が立たない」のはよいことのはずなのだが、それを「（生長することを）なまける」と表現したのは、早く自立して大人になることを求めるフランス人の女性観ゆえだろうか。

フランス人にとってのサラダ

しかし、女性はともかく、ことサラダに関しては、フランス人は金髪なまけデブ女のような、結球はするが巻きの緩い、やわらかい葉を一般的に好む。

日本では、レタスというと歯ざわりのシャキッとした硬めの葉のアメリカ系品種が一般的だが、日本のようなレタスはフランスにはなく、最近になってようやく「珍しい野菜」として最先端のレストラン料理に登場するくらいだ。また、日本で「サラダ菜」と呼ぶ緑色の葉の小型のレタスも、フランスでは見かけない。

フランス語の「サラダ」という語は、サラダという料理を指す言葉であると同時に、サラダに用いるレタスのことを意味する語でもある。つまり、サラダはそもそもレタスだけでつくるものと決まっており、レタスのサラダ（サラド・ド・レテュ）、とわざわざいわなくても、単に「サラド salade」というだけで、レタスをドレッシングで和えたサラダ、という意味になるのである。

フランス人は、毎日サラダを食べる。

彼らの日常食は、硬い牛肉のステーキに、大量のフレンチフライを添えた「ビフテク・フリット」と呼ばれるものだ。大半のフランス人はほとんど毎日、家で夕食にこの「ビフテク・フリット」を食べている。

肉を食べる前の前菜として「サラダ」を食べることもあるが、前菜のサラダはレタスのサラダではない。トマトをスライスしたもの、ニンジンを繊切《せんぎ》りにしたもの、長ネギを茹《ゆ》でたもの……レタス以外の野菜にドレッシングをかけた「サラダ」だけが、前菜として食べることができるサラダなのである。

安い定食レストランでは、レタスにクルミを散らすなどの手を加えて前菜のサラダとしている例もあるが、レタスだけの、レタス以外にはなにも材料を加えない、彼らが単に「サラダ」とだけ呼ぶもっとも基本のサラダは、前菜ではなく、また肉料理と同時に食べるつけ合わせでもなく、かならず肉料理を食べた「あと」に食べるものと決まっている。

家庭では、ビフテク・フリットを食べ終わる頃、大量のレタスのサラダが入った大きなボウルが、食卓のまんなかにドンと置かれる。そして、肉とジャガイモを食べ終わったあとの皿に、そのボウルからレタスのサラダを取り、むしゃむしゃと食べるのである。

家庭の食事で前菜として食べるのは、茹でタマゴのマヨネーズかけとか、ハムかソーセージのようなものか、特別に用意をしなくてもすぐに食べられるような簡単なものが多いが、もちろん各種の（レタス以外の）野菜をサラダのようにして食べることもある。が、前菜にサラダを食べたときも、肉のあとの（レタスの）サラダを欠かすことはない。肉を常食するフランス人にとって、肉に添えるジャガイモとともに、そのあとにサラダとして食べるレタスは、栄養のバランスを取るためにどうしても必要なものなのだろう。

乙女の指先でドレスを着せる

「サラダ」という言葉（英語＝salad／フランス語＝salade）は、ともにラテン語で塩を意味する「サル sal」に由来する。「塩を当てた、塩味をつけられた、塩漬けにされた」という意味の、中世ラテン語南仏方言が直接の祖先らしい。

いまでは、ただ塩を振った野菜のことをサラダとは呼ばない。ふつうサラダと呼ぶものは、塩のほかに、酢と油を混ぜたソース（ドレッシング）をかけたもの、と理解される。もちろん日本の酢の物（油が欠落している）や塩揉《も》み（酢も油も欠落している）などを広い意味でサラダの一種であると考えるのはかまわないが、欧米の基準からいけば、塩と酢と油がサラダには欠かせない。

おいしいサラダをつくるコツは、まず野菜の水分をしっかり切ることである。

葉に水分が残っていると、せっかくのドレッシングが葉の表面をうまくコーティングすることができない。サラダの理想は、すべての葉の表面に、ドレッシングの液体が均一に接触している状態なのだ。

塩と酢と油を混ぜたサラダのソースのことを英語で「ドレッシング」と呼ぶが、これは野菜にドレスを着せる、という意味である。だから、サラダを和えるときはいつもこの言葉を思い出して、サラダボウルの中にある葉っぱの一枚一枚に、丁寧にドレスを着せてあげるような気持ちで、全体を優しく混ぜなければならない。

フランスには、サラダは乙女の指先で、という言葉がある。サラダを混ぜるときは、若い女の子の細くたおやかな指先で、優しく慈しむように葉をあえるのが望ましい、というのである。

いまのフランスの家庭では、遠心脱水式の水切り器で水を切ってからサラダサーバーで混ぜるのがふつうだと思うが、便利な器械がなかった昔は、針金で編んだ籠に葉を入れて振りまわしながら水を切るのがお父さんの仕事だった。そして、それをボウルに入れて指先でソースに和えるのは娘の役目なのだが、

「サラダを混ぜるときにレタスの葉がボウルから一枚こぼれたら婚期が一年遅れ、二枚こぼれたら二年遅れる……」

という言い伝えがあったという。きっと昔の素直な娘なら、ボウルから絶対に葉が外に飛び出さないように、ゆっくりと、丁寧に、ドキドキしながら指先に神経を集中したに違いない。もし乱暴にやってボウルをひっくり返しでもしたら、一生お嫁に行けなくなってしまうのだから……。

そうやってできたサラダは、すぐに食べなければならない。ドレッシングに接触した状態で時間が経つと、塩が浸透して葉から水分が出てきてしまう。ドレスを着せる前に葉の外側の水分をよく拭《ぬぐ》っておかなければならないのと同様に、ドレスを着せたあとは、内側から水分が滲み出さないうちに食べる。それがサラダのおいしい食べかたである。

食べないで放っておくと、葉から水分がどんどん出てきて、全体がびしゃびしゃになってしまう。そうなったものは、もうサラダとは呼べない。

塩を含んだ液体にサラダよりも長時間さらされている状態は、マリネ、と表現する。野菜のマリネ、魚介のマリネ。それぞれの食材を、塩、油、香草などを混ぜた液体（ソース）の中に浸け込んだものをいう言葉だが、マリネ mariné は「海」（ラテン語名詞 mare／英語形容詞 marine）から来ており、海の水に浸ける、塩水に漬ける、というのが本来の意味である。つまり、塩と接することによって食材の細胞の中にあった水分が引き出され、同時にその中に塩分が入り込んで、最終的には内も外も同じくらいの塩分濃度になることを示している。

サラダは「塩を当てたもの」であり、塩が食材の表面に止まっている状態でなければならないのに対して、マリネは「塩が浸透したもの」であって、塩分が食材の内部まで達した状態になってはじめて完成する。

サラダからマリネに至る過程は、時間の経過とともに進行するひと続きのものだから、サラダは放っておけばやがては海になる……といってもいいかもしれない。

ルイ十四世のレシピ

アブラナ科のキャベツと、キク科のレタスは、植物としてはまったく別の系統に属するが、野菜として利用されるようになった初期の頃は直立した茎に生える葉を掻いて食べるもので、その後、長い時間をかけて改良され、結球する野菜になった、という経緯は同じである。しかも、両者はともにヨーロッパの原産で、数千年前の古代から連綿と栽培されてきた、という歴史も共通している。

レタスの原産地は地中海周辺からコーカサス地方にいたる広範な地域と考えられ、冷涼な気候を好むことから、標高の高い山地に自生した原種が広まっていったのではないかと推測されている。

レタスの野生種は、直立する長い茎をもった、先の丸い葉が互生する、茎を切ると白い乳液が出る雑草の仲間らしい。この仲間はほとんど世界中のどこにでもあり、日本でも探すと似たものが見つかるが、北欧を除くヨーロッパの各地に自生するラクトゥカ・スカリオラという学名をもつ植物が今日のレタスの祖先である、という説が有力だ。ラクト（乳）という語を名にもつこの植物が、各地に自生する他の野生種とかけあわさり、さらに人の手が加えられて、今日のレタスになっていく。

結球するレタスがいつ頃あらわれたのかについては、紀元後四世紀には緩い巻きの結球レタスができていただろうと推定する学者もいれば、十三世紀までは存在しなかった、いや、十六世紀の中頃に初めてできた、という説もあるなど、専門家のあいだでも意見が分かれるが、いずれにしても結球するレタスができるまでは、直立した茎の先にまとめて葉が生えるタイプか、長い茎の途中からたがいに離れて葉が生えるタイプか、という違いはあっても、レタスの葉は丸く重ならずにまっすぐ生えていたことだけは間違いない。

ヨーロッパから中国を経て日本に伝わったのもかなり古い時代のようで、やはり、結球しない、茎がまっすぐに高く伸びてその茎から左右に葉が互生する植物だった。

こういう「立った」レタスを食べるときは、茎の下のほうから順に、食べごろの大きさになった葉を掻き取っていく。

だから「掻きぢしゃ」と呼ばれたのだが、そう考えると、例の英国式収穫法も、外側（ということは下側でもある）のほうの葉から順に「掻いて」いく、という意味では同じことで、むしろこのほうが歴史的には古い収穫法であるといえるかもしれない。

私たちがいま食べているような西洋種のレタスは、明治時代になってアメリカから日本に導入されたもので、いまではレタスの仲間に「掻きぢしゃ」のような「立つ」タイプがあることすら、私たちは忘れようとしている。

日本料理に使われる「ちしゃとう（薹）」という野菜があるが、これはわざとチシャの薹を立てて、そのやわらかい薹を食べる野菜である。和食店の野菜の煮物や料理のつけ添えの中に、透明感のあるごく淡い緑色の、セロリでもないしウドでもない、あまり見たことのない野菜があればそれが「ちしゃとう」だと思っていいが、この野菜は、茎を伸ばしていた頃の古いレタスの食べかたを教えてくれる。

また、最近はセルタス（セロリをレタスと合体させた名前。アスパラガスレタスともいう）という茎を食べるタイプのものも出まわっている。葉を掻いて食べるわけではないが、これも茎を伸ばす点では「掻きぢしゃ」と同じだ。また、韓国料理で知られるようになったサンチュも、結球しない「掻きぢしゃ」の一種である。

最近の世界的な野菜ブームで、ますます多様な野菜が求められて新しい品種が開発されているが、同時に、昔はあったがいまは忘れられた、現代人にとっては見慣れない野菜がもてはやされる傾向がある。

ここ数年、茎も伸ばさないが結球もしないタイプのレタス、それも、オークリーフと呼ばれる、樫《かし》の木の葉のような深い切れ込みのある細い葉をもったレタスが世界的に流行しているのも、その傾向と関係があるだろうか。欧米のレストランでは、レタスのサラダ、ではなく、オークリーフのサラダ、とメニューに書く店も多くなってきたので、知らないと、樫の木の葉をサラダにしたのかと思いそうだ。

レタスという野菜が、早くから伝わっていたのにもかかわらず、江戸時代以前の日本であまり顧みられなかったのは、野菜を生食する習慣がなかったからだ。日本では青菜は漬物にするか茹でてお浸しにするもので、ナマでサラダにすることは考えられなかった。この点は中国も同様で、なんでも火を通して食べる習慣の中国では、レタスはあまり普及しなかったのである。

しかし、西洋では、古代の昔からレタスをナマで食べていた。

ローマ皇帝は熱くて辛いソースをかけて食べたらしいが、十五世紀になると酢と油のドレッシングがあらわれ、それが今日までサラダの定番として続いている。

フランスでは、サラダ、とだけいえばレタスのサラダを意味するといったが、中世の頃からはサラダになる青菜ならなんでもサラダという名で呼んでいたようで、そのサラダ用の青菜のうちでもっともポピュラーなのがレタスだった。

フランス人がレタスのサラダをことのほか好むようになったのは、ルイ十四世が大のサラダ好きで、レタスに目がなかったからだといわれている。料理の世界ではセレブの好みに憧れるミーハーな気分が流行を生み出してそれまでの習慣を変えてしまうことがよくあるもので、それまでフランスではむしろクレソンのほうが人気だったのに、十七世紀から急激にレタスのサラダが広まったのはそんな理由かららしい。

レタスの葉を和えるルイ十四世お好みのドレッシングは、タラゴン（エストラゴン）、パンプルネル、バジル、バイオレット（スミレの花）で香りをつけたものだったという。

キャベツ畑の伝説

ポルトガルは私の大好きな国のひとつで、ひと頃は毎年のように訪ねていた。もっともその目的は野菜ではなくてワインで、北部の古都ポルトから遡《さかのぼ》るドウロ川沿いでつくられるヴィーニョ・ヴェルデ（緑のワインという名の若いドブロクのようなワイン）が飲みたくて通っていたのだが、この国で驚いたのは、どの地域でも昔から伝えられている在来のブドウ品種をいまでもつくり続けていることだった。

いまは世界中でワインづくりが盛んになっているが、どこの国でもメルローとかシャルドネとかいう国際的に評価の定まったフランス系のブドウ品種を栽培するのが常識のようになっているのに、ポルトガルではそれらの世界共通の品種には目もくれず、何百年も前からそれぞれの地域で栽培されてきた古い品種を、いまでも全国で百種類以上維持しているという。

私が民家の庭先に「立ちキャベツ」を見つけたのも、そんなワインを探す旅の途中だった。だからそのときも、なるほど、ポルトガルならキャベツの古い品種をそのままのかたちで育てていても不思議はないと、すぐに納得したのだった。

サラダに用いられる野菜のひとつに、ケールという青菜がある。日本ではおもに青汁の原料として栽培されることが多いようで、私の住む地域（長野県東御市）にも栽培農家があるが、このケールという青菜が、キャベツの祖先に当たる植物であるとされている。ケールは短い茎の上部にまとまって葉をつけるのが標準的なタイプだが、長い茎の途中にたがいに離れて葉が生えるタイプもある。

キャベツの原産地は、北欧から中欧にかけての、海岸沿いの土地らしい。それがケルト人によって地中海周辺にまで伝えられて栽培が広がったとされるが、もともとこの植物は寒くて湿っぽい気候が好きで、いまでも英国のブリテン島を中心に北はスカンジナビア半島、南はフランス北西部ノルマンディー地方沿岸部にいたる大西洋岸の、強い海風の当たる崖《がけ》の上に自生するケールの一種がその直接の祖先だといわれている。この植物は長い茎をもち、濃い緑色の大きくて硬い葉をつける……というから、私は残念ながらまだ見たことはないけれども、地理的にはポルトガルの大西洋岸にかなり近いし、姿かたちも民家の庭先にある立ちキャベツによく似ているように思われる。

だとすれば、ポルトガルの人たちが「味噌汁（カルドヴェルデ）」にするキャベツは、原種そのものではないとしても、きわめてそれに近い、キャベツの原初的なかたちをいまに伝える大型のケールの一種、と考えてよいのではないか。ポルトガルではこの立ちキャベツのことを「ガリシアのキャベツ」とも呼んでいるが、ガリシアはイベリア半島北西部の海岸地域だから、原産地の方角から伝わってきたことを示唆している。

もっとも古くからキャベツが育っていた土地で、もっとも古いキャベツの種類を、昔のまま現代にいたるまで残している……ポルトガル人というのは、なんと端倪《たんげい》すべからざる民族なのだろう。

しかし、ポルトガルの保守主義をよそに、キャベツはケールから非結球のキャベツへ、非結球のキャベツから結球キャベツへと、着実に進化を遂げてきた。結球性のキャベツは十三世紀から十四世紀にいたる頃にはヨーロッパの主要な地域に広まっていたといわれるから、おそらくレタスが結球したのと時期的に大きな差はないものと考えられる。

今日、キャベツの仲間たちは多彩である。紫キャベツ、縮緬キャベツ、芽キャベツ、カリフラワー、ブロッコリ、コールラビ……観賞用の葉ボタンまで含めて、いずれもキャベツからある特徴を取り出して発達させたものだが、その中心にあるのはあくまでも大型の結球キャベツで、丸くて大きいキャベツこそ、ヨーロッパに住む人びとにとってもっとも重要な野菜だった。

結球したキャベツは、葉が硬いのでナマのままでは食べにくかったが、そのかわり、レタスなどの青菜と較べると長期の保存がきく。

日本では明治以降キャベツを繊切りにしてナマで食べることがおこなわれ、それをきっかけに野菜の生食が一般化していくのだが、西洋ではいまでも（紫キャベツをサラダにするとき以外は）ほとんどナマでは食べない。が、キャベツはそのまま放っておいても何日ももつし、繊切りにして塩漬けにするなどの保存法も早くから考えられた。

また、キャベツが寒さに強いのも貴重な性質だった。寒冷地に生まれたケールの血を引くキャベツは、ヨーロッパの冬のさなかにも青々と葉を繁らせた。

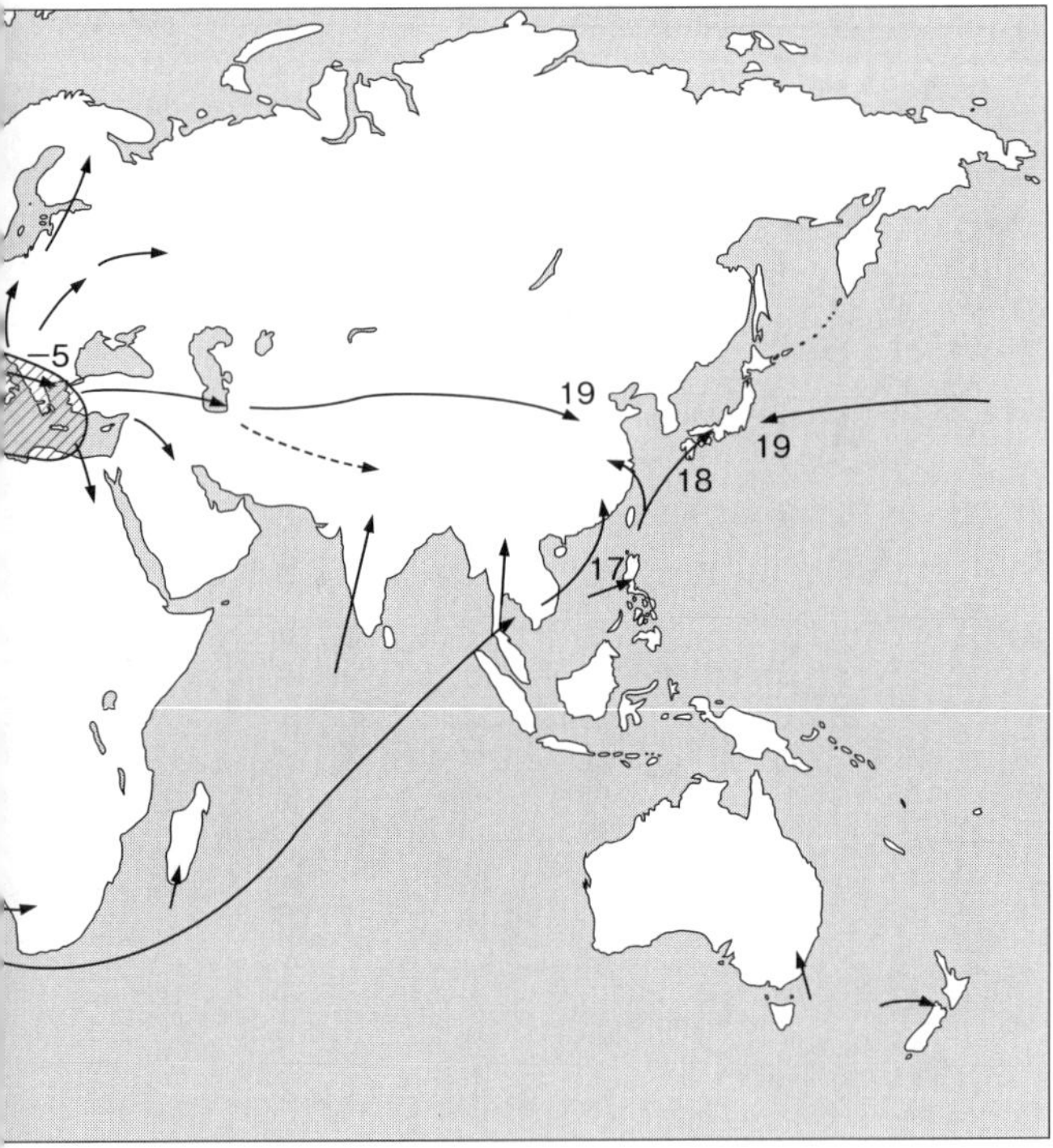

伝播』二宮書店、1978年より）

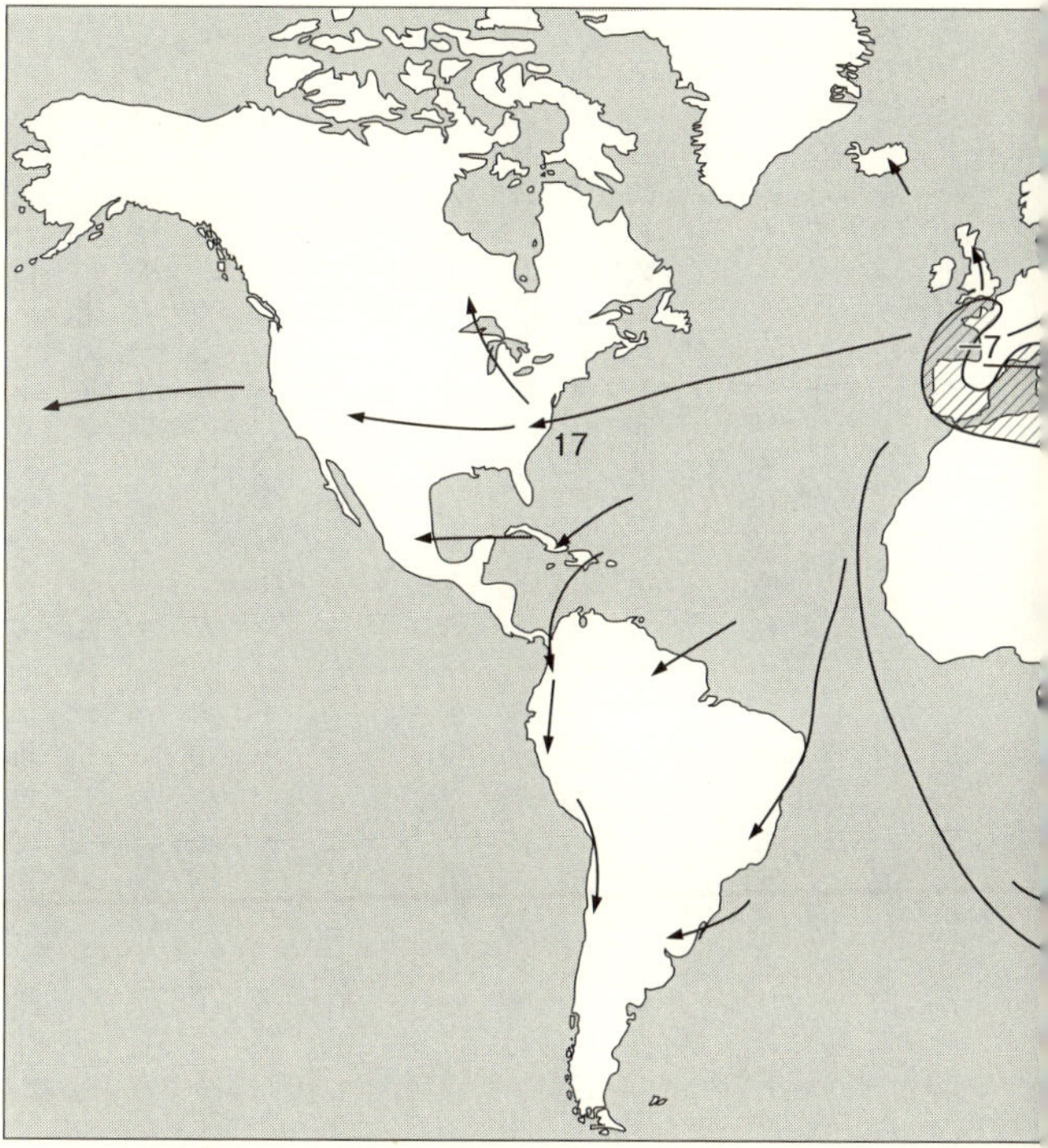

キャベツの伝播　起源地、数字は世紀（星川清親『栽培植物の起原と

緯度の高いヨーロッパは、もともと野菜に乏しい地域である。地中海といえばヨーロッパの南端にあたるが、実は北海道をそのまま平行移動していくとすっぽりはまり込むくらいの高緯度である。さらにその北側にあるヨーロッパの各地は、海流のおかげで緯度の割に温暖な土地が多いとはいっても、日本のように多様な植物が繁茂する気候ではない。

だから、数少ないヨーロッパ旧大陸原産の野菜であるキャベツは、タマネギ、ニンニク、およびソラマメをはじめとする何種類かの豆とともに、古代中世から近世に至るまでの、彼らの日常の暮らしを支えたのだった。

ギリシャの哲学者ディオゲネスは、「キャベツを食べて生きていけば、権力者にへつらう必要はない」と弟子にいった。すると弟子が「権力者にへつらえば、キャベツばかり食べなくても済んだのに」と切り返した、という逸話があるが、なにはなくともキャベツさえあれば、ともかく毎日の暮らしを成り立たせることはできたわけだ。

ローマ皇帝ディオクレティアヌスは、年老いて皇帝の座を引退したあと、支持者たちにもう一度復権を求められたとき、「私は菜園にキャベツを植えた。そのキャベツ畑を見れば、誰ももう一度権力に戻れとはいわないはずだ」といって退けたという。この逸話もあってフランスでは「キャベツを植えにいく」といえば「引退して自由になる」という意味になるが、キャベツが植えられた菜園の光景は、平穏で満ち足りた日常の暮らしを象徴するものとして受け取られている。

キャベツに薬効があることも、古くから知られていた。古代スパルタの立法者リュクルゴスが、酒神ディオニソスのブドウ畑を荒らした罪で捕らえられて畑のブドウの樹に縛りつけられたとき、激しく悔し涙を流し、その涙のあとからキャベツが生えた……というギリシャの神話がキャベツの発祥を伝える逸話として有名だが、これはリュクルゴスの憤怒《ふんぬ》に満ちた反抗の手段なのだという。つまり、キャベツはブドウの敵、キャベツを食べておけばワインを飲み過ぎても二日酔いにならない、ということを意味しているのだと。ローマの文人カトーも、おおいに飲み食いしたいならその前にキャベツの酢漬けを食べろ、と忠告しているように、古代からキャベツがすぐれた胃腸薬であることはよく知られていたのである。

ところで、赤ん坊はキャベツから生まれる、という伝説は、いったいどこから来たのだろう。

「コウノトリが運んでくる」説に対抗する、もうひとつの説として、イギリスをはじめとしてヨーロッパの諸国には広く流布しているものだが、この伝説の由来を具体的に説明してくれる書物は、探しているのだがなかなか見つからない。

ただ、畑にたくさん並んでいるキャベツの葉の中からたくさんの子供が顔を出している絵はいろいろな図柄のものが描かれていて、それを見ると、外側の葉が上を向いて立っているようすを洋服の襟（カラー）に見立て、その中の球体を子供の頭部と考えているらしいことはわかるのだが、私にいわせれば、これはあくまでも直喩を避けるための韜晦《とうかい》であり、本当のところは、結球したキャベツを真上からのぞいたとき、幾重もの葉が四方から寄り集まった中心部に見える目のようなかたちを、女陰に見立てたのが伝説の由来ではないかと思う。

食材に乏しい寒冷の地で、生命《いのち》を繋《つな》いでくれる貴重な野菜。それがなければ、毎日を生きることも、子孫を残すことも、できなかった。

子孫の繁栄を祈るときに男女の交合や陰陽の形象を崇《あが》めるのは、世界のどの地域にも見られる宗教以前の習俗である。荒涼とした冬のさなかでさえ逞《たくま》しく繁るキャベツの姿に、彼らは新しい生命を産み続ける母のイメージを重ねたのではないだろうか……。

第2章　ジャガイモがタラと出会った日

タラとジャガイモの出会い

さて、旅はまだポルトガルの続きである。

ポルトガルの古都ポルトは、定冠詞をつけて「オ・ポルト」と呼ぶのが正しいとされるが、ポルトporto は英語のポートport と同じ「港」という意味である。だから定冠詞をつけてthe port といえば、世界に唯一無二の港、というニュアンスを強調することになるわけで、かつて世界の海を支配した国の古都にはそれがふさわしいのかもしれないが、私はふつう、ただポルトとさりげなく呼ぶほうを好むのでそうしている。

さて、そのポルトの港に船で着いて、一日の上陸を楽しむことになった。

あいにく日曜日で、店はほとんどが閉まっている。しかたなく坂の多い街を歩いて時間を潰し、昼近くになって中心部の大通りに戻ってくると、一軒だけ開店の準備をはじめているレストランがあった。まだ少し早かったが、頼んで中に入れてもらう。とりあえず片隅の席でワインでも飲みながら、用意ができるのを待つとしよう。

ワインを注文すると、ボーイがパン籠に乾いたパンを入れてもってきた。それから、豚か鶏のレバーでつくったパテを入れた小さなガラス容器と、バターを載せた小皿を私の前に置く。冷えた白ワインのグラスとランチのメニューをもってきたのはそのあとで、全部が揃うと、「ボンナペティ（よい食欲を）」とフランス語でいった。外国人の観光客が来る店なのだろう。この時間、私のほかにはまだひとりの客もいない。

乾いたパン、というのは、ゆうべ食事に出したフランスパンを、薄くスライスして炙《あぶ》ったものだ。レストランではそうやって残りものを利用するのは珍しいことではないし、家庭でも、残して硬くなったパンをそうやって食べることがよくあるものだ。カリッとした食感が、パテのおともに悪くない。

しばらくすると、またボーイがやってきたので、私は、前菜にギリシャ風のタラモサラタを、メインディッシュには、タラのブラガ風、というのを注文した。

注文を終えてメニューを手渡しながら、そういえば、二年ほど前にもこの街に来たことがあり、そのときもタラの料理を食べた。別の店だが、タラを油で焼いたものに、茹でたジャガイモと、ナマのタマネギと、黒いオリーブが添えられていたのを思い出した。

そんなことを考えながら、二杯目のワインを飲んでいると、前菜の皿が運ばれてきた。マッシュポテトにタラコを練りこんだピンク色のペーストの上に、黒いオリーブが飾りに載っている。

タラモサラタはギリシャではおなじみの定番料理だが、ポルトガルのレストランになぜギリシャ風の前菜があるのだろう。ポルトガルにはこれまで何度も旅したけれど、たしか一度もお目にかかったことはないはずだが……考えてみれば、いまではギリシャ料理の枠を越えて世界中に知られるようになったタラモサラタが観光客の来る店のメニューにあるのは不自然ではないし、だいいちタラコを使う料理なのだから、ポルトガル人が好んだとしても不思議ではない。

ポルトガル人は、タラが大好物なのである。

昔、あるホテルのレストランで、サービスをしてくれたボーイに、

「クリスマスには、なにを食べるの？」

と聞いたことがあった。そろそろそういう季節だったので聞いてみたのだが、すると若いボーイさんは、タラです、と答えた。

「じゃあ、お正月にはなにを食べるの？」

ヨーロッパでも大晦日はサン・シルヴェストルの祭りといって夜遅くまでご馳走を食べて新年を祝う習慣があるので、どんなご馳走を食べるのか、と聞いたつもりだったのだが、彼はまた、タラです、と、あたりまえのことをなんで聞くのか、という表情でいうのだった。このあと、私はさらに、

「君のいちばん好きなものは、なに？」

と聞こうと思っていたのだが、そう聞けばまた、タラです、と答えるに決まっているの

で、やめておいた。この青年だけが変わっているのではない、ポルトガル人はそれほどタラが好きなのである。

前菜を食べ終わると、メインディッシュがやってきた。

タラのブラガ風、である。ポルトガルのタラ料理のレシピは二百を超えるといい、この店のメニューにもざっと十種類以上の料理名が並んでいたが、どれがどんな料理かよくわからなかったので「本日のおすすめ」を選んだのだ。出てきたのは、大きいタラの切り身に茹でタマゴを取り合わせ、茹でたジャガイモと、ナマのタマネギと、黒いオリーブを添えた一品だった。なるほど……タラ料理のレパートリーは豊富かもしれないが、どうしてつけ合わせがいつも同じなのだろう。

合理的に考えれば、茹でタマゴは別として、つけ合わせの黒オリーブは彩りであり、ナマのタマネギは魚の匂い消し、茹でたジャガイモは、タラの塩味を中和するためだろう。ポルトガルに限らず、ヨーロッパのタラ料理はすべて干ダラまたは塩漬けのタラを用いるので、もちろん丁寧に塩抜きはしてあるが、茹でただけのジャガイモをいっしょに食べるとちょうどよい塩梅《あんばい》になる。

その意味で、タラとジャガイモのコンビは「出会いもの」といっていい絶妙の組み合わせで（日本の棒ダラとエビイモの取り合わせを思い起こさせる）、だからどこでタラを食べても、茹でたジャガイモがついてくるのだ。

しかし、タラは有史以前からヨーロッパの各地でさかんに食べられていた魚であるのに対し、ジャガイモはいうまでもなくアメリカ大陸の原産で、ヨーロッパ諸国へは十六世紀の大航海時代に伝えられたものの、一般に広く食べられるようになるのはもっとあとのことである。

ここでもまた、「ポルトガルの味噌汁（カルドヴェルデ）」におけるキャベツとジャガイモの同居と同様、タラとジャガイモはどのようにして出会ったのかという、私が関心を寄せてやまない問題があらわれてくる。

新大陸の贈りもの

ジャガイモは、新大陸からヨーロッパへの最高の贈りものだった。アメリカ大陸から伝えられた植物には、ほかにもトマト、トウモロコシ、トウガラシ、カボチャ、インゲンマメ、タバコ……など重要な作物がたくさんあるが、なかでもジャガイモが果たした役割は絶大であった。もちろん、大航海時代の交流によって旧大陸からもキャベツやレタスやニンニクやタマネギがアメリカに伝わったが、度重なる飢饉によって疲弊の極致にあった人びとを救ったという点において、ジャガイモに勝《まさ》る功績をもつ野菜はない。

ジャガイモは、紀元前三〇〇〇年代から栽培されていたといわれる古い植物である。原種は特定されていないが、原産地はアンデス山地で、ペルーからボリビアにかけての高地に自生していた野生種がたがいに交配したものと見られている。

この地の先住民族の食糧としては、神格化されていたトウモロコシに次いで重要な作物だが、トウモロコシよりさらに高い標高四千メートルに達する山地でも栽培ができる特性と、チューニョとして通年保存ができる利便性から、実質的にはインカ帝国の礎《いしずえ》を築いたもっとも重要な作物であるといってもよい。

チューニョというのは、フリーズドライ（凍結乾燥）による保存ジャガイモである。寒暖の差の激しい高地では、イモを夜のあいだ外に出しておくと凍結する。それが昼の太陽で溶けたところを足で踏んで、イモの中の水分を出してしまう。この作業を何日か繰り返して、完全に水分の抜けた乾燥ジャガイモをつくるのである。私もペルーへ旅したときに買ってきたことがあるが、イモというよりは軽石のようなスカスカの物体で、煮戻して食べると不思議な味がした。インカ帝国ではこれを大量につくって各地の倉に保存し、必要に応じて人民に配給して治安を図るとともに、帝国の誇る強大な軍隊が遠征する際の兵糧《ひょうろう》として活用した。

ジャガイモがヨーロッパに知られたのは、一五三二年にフランシスコ・ピサロが率いるスペインの征服者たちがペルーを蹂躙《じゅうりん》したときで、このときに持ち帰ったジャガイモが時の教皇に献上されるなどして旧大陸にはじめて紹介された。

コロンブスはこれより先に西インド諸島に上陸しているわけだが、カリブ海の島にはサツマイモはあったけれどもジャガイモはなかった。高地で栽培されていたジャガイモはこの頃まだメキシコ半島でさえ知られていなかったという報告もある。

サツマイモも新大陸原産の重要な作物で、伝播《でんぱ》の時期はジャガイモと同じであるにもかかわらず、現在のヨーロッパでジャガイモがまるで何千年も前からあったような顔をして生活に溶け込んでいるのに対し、寒冷な気候に対する適応力の差だろうか、サツマイモのほうはあまり普及せず、いまだに異国的な野菜のイメージが拭えない。

また、ナス科のジャガイモ、ヒルガオ科のサツマイモと同様、キク科のキクイモ（トピナンブール）も新大陸から伝えられ、アーティチョーク（朝鮮アザミ）に似た風味があるとして最初のうちはジャガイモより人気が出たが、その後はあまりふるわなかった。結局、新大陸から伝えられたイモ類の中ではジャガイモだけが、普及に時間はかかったものの、三世紀後にはヨーロッパ全域で、生きていくためになくてはならない野菜として絶対的な地位を獲得することになったのである。

不謹慎な植物

はじめて見るジャガイモは、彼らが知っている野菜のどれにも似ていない、奇妙なかたちをした野菜だった。イタリア人は土の中にできる点とごつごつした塊茎《かいけい》がトリュフを連想させるといい、フランス人は丸いかたちをリンゴになぞらえて「土の中のリンゴ（ポンム・ド・テール）」と表現した。どこの国でも、ジャガイモが土の中にできるのを不思議に思ったらしい。

土の中にできるのはカブもニンジンも同じだが、彼らが知っている根菜類はあきらかに根が太くなったものだし、ふつう、太った根のいちばん上の部分は多少土からはみ出して見えるものである。しかしジャガイモは、完全な地下の暗闇で、ひとつどころか数個あるいはそれ以上ものたくさんの塊をつくり、しかもその大小の塊は、知らないうちにどんどん増えていくのだ。これは、どう見ても怪しい。この植物は、見えないところでセックスをして、子供を増やしているのではないか……。

ジャガイモに関する記述が聖書にない、というのも、キリスト教徒にはこの野菜を忌避する大きな理由になった。

聖書が書かれた時点では旧大陸には存在していなかったのだからしかたないが、聖書に載っていないという点ではキャベツも同じである。キャベツは古代のギリシャやローマではすでによく知られており、ヘブライ人の居住地域にも伝わっていたはずなのだが、彼らはこの植物に関心を抱かなかったのか、聖書の記述から漏れている。が、こちらのほうは畑でいっぱい子供をつくっている（？）というのにお咎《とが》めなしである。

また、同じアメリカ産の新参者でも、インゲンマメなどはよく知っているほかの豆に似ているため、まったく抵抗なく受け容れられた。やはり、その見慣れない不定な形状と、見えないところで増えるのが気味悪がられたのだろう。

ジャガイモは毒だ、という説もあった。実際ジャガイモは、芽の部分や日が当たって緑色になった部分にはソラニンという有毒物質が含まれるが、当時のジャガイモはいまよりもソラニンの含有量が多かったともいう。だからときに皮膚が爛《ただ》れたり吹き出物が出たりする症状があらわれ、それが忌まわしい病気を思い起こさせて人びとに恐怖を植えつけた。

しかし、ジャガイモがなかなか普及しなかった最大の理由は、当時のイモが小さくて不味《まず》くて食べにくかったことだろう。苦みがあったし、消化も悪かった。

最初は、クリのように焼いて食べていたらしい。小さいから皮ごと食べるしかなく、泥臭いので、彼らが毎日食べている豆やキャベツの煮込みスープに入れられないのもネックになった。

アンデスの先住民たちには品種を改良するという意識がなく、大きくてかたちのよいイモは自分たちが食べ、残ったイモを種イモとして植えた。だからしだいに品質は劣化し、ヨーロッパに伝わったのは皮も剝《む》けないほど小さくてかたちの悪いイモばかりだった……という人もいるが、この口ぶりにはやや一方的な責任転嫁のきらいもある。

戦乱と飢饉のヨーロッパ

フランスの食通ブリア゠サヴァラン（一七五五〜一八二六）は、

「私にとってはまったく意味のない食物で、ジャガイモのよいところといえば飢饉のときに役立つということくらいである。それを除けば、これほど味のない食べものを私はほかに知らない」

といい、同じく啓蒙思想家ディドロ（一七一三〜八四）は、

「この根っこは、どんなふうに料理しても味がなく粉っぽいので、食べて快い食物とは言い難いが、生命を維持するためにのみ食物を必要とする人びとにとっては、健康的、かつ十分な量の食糧を供給することができる。ジャガイモを食べるとおならが出るといわれて嫌われるが、農民や労働者の頑丈な内臓なら屁くらい出ても平気だろう」

と述べているように、十八世紀の後半に入っても、おいしい食べものを求めるヨーロッパの富裕層にはあいかわらず不評だった。この点では北アメリカも同じようなもので、この頃はまだ豚のエサくらいにしか考えていない人が多かったという。

しかし、味がなくておならが出るかもしれないが、とにかく食べればかさばって腹がふくれること、そしてなによりも安く手に入れることができるのが、上流階級の暮らしに縁のない、貧しい人びとにとってのジャガイモの価値であった。

十七世紀から十八世紀にかけて、ヨーロッパでは戦乱が絶えなかった。宗教革命をめぐる各地での騒乱。ドイツ、北欧諸国から後半はフランス、スペインまでを巻き込んで続いた三十年戦争。イギリスとオランダの英蘭戦争、ロシアとスウェーデンの北方戦争……断続的に繰り返される戦いに農地は荒廃し、とりわけ戦場の中心となったヨーロッパ北部地域の疲弊は激しかった。

この時期は、頻繁な異常気象にも悩まされていた。十八世紀に入ってからは、一七〇九年の厳冬をはじめとして二五年、四〇年、五〇年、六〇年、六七年と激しい寒波に襲われ、六九年からは記録的な不作が四年間続いた。

早くからその救荒作物としての価値に気づいていた聖職者や農学者などによるジャガイモの啓蒙普及活動は、この悲惨な状況に直面してようやく本格化し、フランスではジャガイモの伝道者として後世に知られる薬剤師パルマンティエが登場して、ルイ十六世やマリー・アントワネットまでを駆り出してのキャンペーンが大々的におこなわれた。

しかし、その後も天変地異はおさまらず、八五年は旱魃《かんばつ》、八七年は豪雨、八八年から八九年は、寒さ、豪雨、大嵐と追い討ちをかけるように異常な天候が続いて、ヨーロッパ各地の農業に壊滅的な被害をもたらした。飢饉による死者多数、小麦価格は急騰し、八九年七月十四日のフランス革命の引き金を引いたのも、飢饉による農民や労働者の困窮であったといわれている。

戦乱や飢饉のたびに、ジャガイモの作付面積は広がった。ヨーロッパの中部から北部の寒冷な地域では、ジャガイモの生命力が危機を救ってくれた。また小麦の栽培が可能なより温暖な地域でも、小麦の不作によってパンとジャガイモの価格は逆転し、不味くて食べにくいジャガイモが、「貧者のパン」としてじわじわと広まっていったのである。

一七六〇年以降は、品種改良も積極的におこなわれるようになり、食味も生産性もしだいに向上したようで、こうしてスペインからイタリアへ、さらにフランス、ベルギー、イギリス、ドイツおよび北ヨーロッパの各地域へと伝わっていった新大陸の贈りものは、相次ぐ飢饉により崩壊の危機に瀕していた共同体とその底辺に生きる人びとの命を、まさしく土の中から支えたのだった。

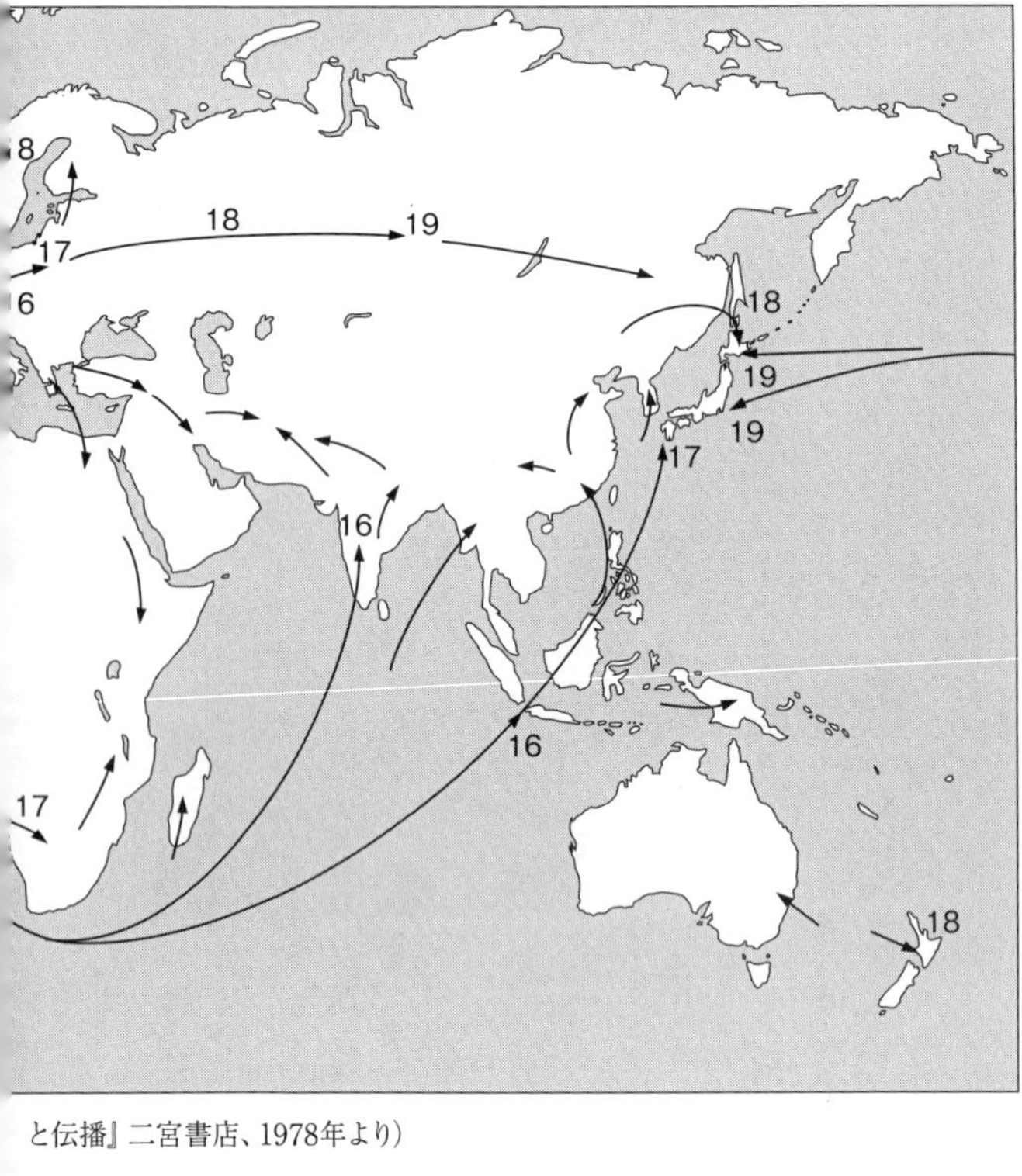

と伝播』二宮書店、1978年より）

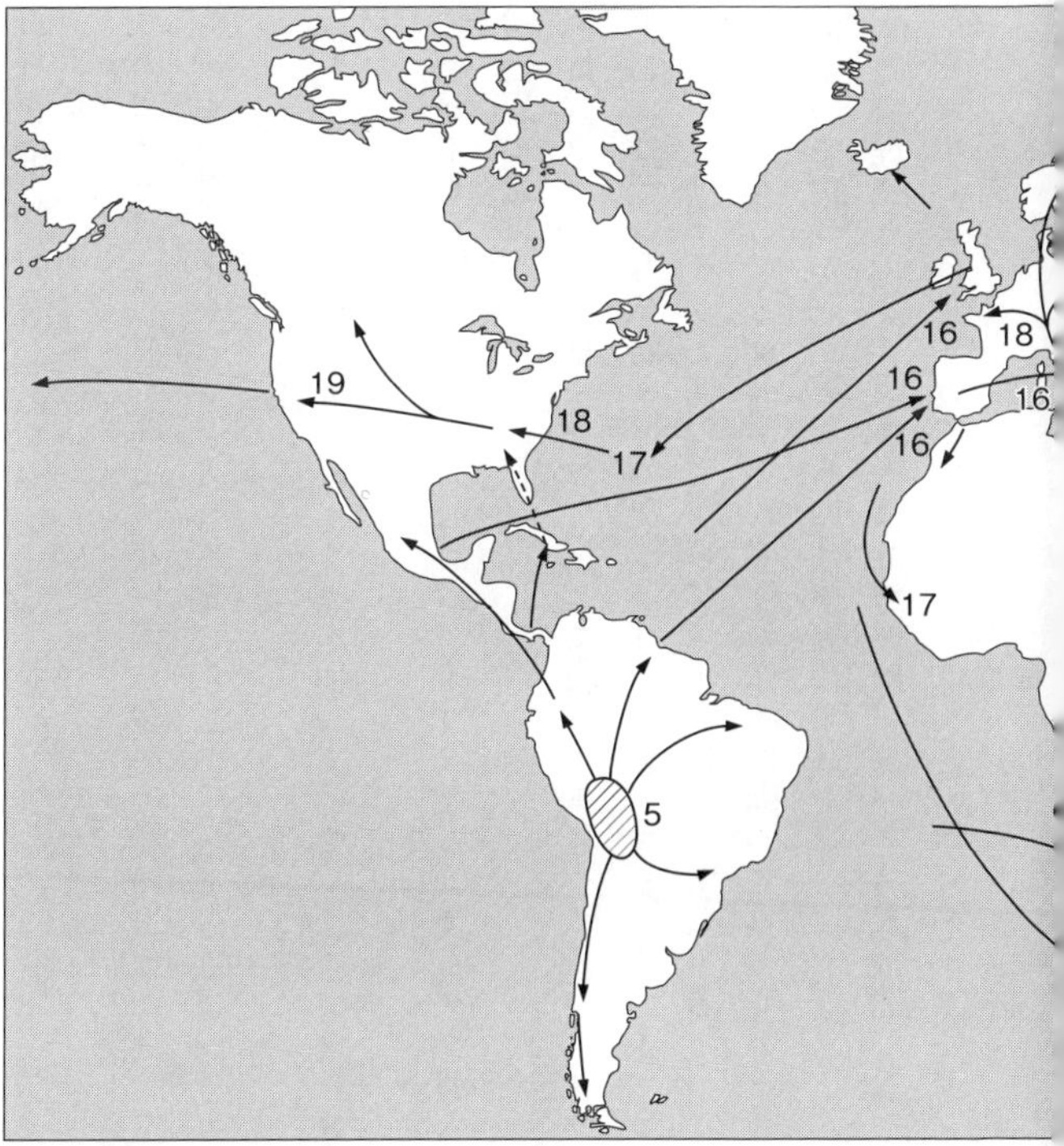

ジャガイモの伝播　起源地、数字は世紀（星川清親『栽培植物の起原

ジャガイモの食べかた

私は、タラのブラガ風の一皿を前に、なにから食べはじめようか迷っていた。ふつうなら、まずタラにナイフを入れるところだが……その前にジャガイモの味を見てみようか。

やや黄色みがかったジャガイモにはよく火が通っていて、ナイフを入れると、スッと切れた。

ナイフでジャガイモを切ったとき、私は、ドイツ人ならフォークで潰さなければいけないところだ、と思った。

ジャガイモは、フランス人はナイフで切って食べ、ドイツ人はフォークの背で潰して食べる。レタスは、フランス人はナイフとフォークを使って折りたたんでからフォークに刺して食べ、ドイツ人はナイフで切ってからフォークに刺して食べる。

すべてのフランス人とドイツ人がそれぞれの作法に則《のっと》って食べているわけではないだろうが、国民によって食べかたが異なるのは事実のようだ。

ジャガイモの料理法も、フランス人は油で揚げ、イギリス人は茹でる。拍子木《ひょうしぎ》に切って油で揚げたジャガイモをアメリカでフレンチフライといい、ドイツでポンフリ（フランス語のポンム・フリット）と呼ぶのは、もともとそれがフランス式の調理法だからである。そのかわりフランスでは、ただ茹でただけのジャガイモをポンム・アングレーズ（英国風ポテト）といい、イギリスでは油で炒めたジャガイモをジャーマンポテトと称している。

もちろん日常に用いる料理法はひとつではないけれども、それぞれの国がもともと得意とするやりかたがあって、たがいに名前を呼び分けて尊重しているわけだ。

ついでにいえばアメリカでいうフレンチフライはイギリスではポテトチップスといい、アメリカで発明されたポテトチップスは、イギリスではポテトクリスプスと呼ばれる。そしてフランスではこれらの薄く切って揚げたジャガイモのことを、チップスと発音するつもりでシップスといっている……。

ジャガイモの食べかたは、いまやそれぞれの地域に根ざした固有の食文化として、独自のスタイルをもつようになった。

ジャガイモの品種は十九世紀末に急増し、現在では数千を超えるといわれている。食用の植物としてはトウモロコシ、小麦、コメに次いで大量に栽培されているが、家畜用飼料にまわされる量が多いトウモロコシを別にすれば、ジャガイモは人間にとっての主食である穀類と肩を並べる、「ベジタブル・クロップ（食糧野菜）」の地位を不動のものにした、といっても異論を唱える人はいないと思う。

もう、人類は、ジャガイモなしでは生きていけないだろう。

ポンム・ド・テール……土の中のリンゴ。

アダムとイヴは禁断の木の実であるリンゴを食べたために楽園を追放されたが、地上で生きることを余儀なくされたその子孫たちは土の中のリンゴによって生き延びた……。

郷愁のブランダード

塩漬けのタラを戻して料理したものと聞くと、いかにもパサッとした味気のないものを想像しがちだが、私はバルセロナで、まるで刺身のような塩ダラを食べて吃驚《びっくり》したことがある。それは真っ白なタラの身を薄くスライスしてきれいに並べ、濃い緑色のオリーブオイルをかけて赤いトマトを飾りに添えた前菜の一皿で、同行のスペイン人からそれが塩漬けであることを教わらなければ、フレッシュな切り身でつくったカルパッチョの一種だと信じて疑わなかったに違いない。

ポルトのレストランで食べたブラガ風のタラにしても、たしかに塩味はしっかりついているものの、身は生のようにしっとりとしてやわらかかった。が、いうまでもなくスペインやポルトガルの人たちは、料理されるタラはすべてが塩ダラか干ダラであり、生魚のタラはそもそも食べないものだ、ということを昔からよく知っている。

　現代では、生の身に軽く塩をしただけの甘塩のタラが船上で冷凍されるようになったから、私がバルセロナで出会ったような「刺身のような」カルパッチョもできるわけだが、近代以前のヨーロッパでは、塩に漬けただけの塩ダラではなく、より長期間の保存が可能な、カチンカチンに乾された干ダラの状態でしか手に入れることができなかった。

　中世から近代にかけては、ヨーロッパの全域にわたって、干ダラは各家庭の台所にかならず常備されていたものだった。

　干ダラというのはタラの身を開いて塩をして干したものだが、日本の魚の干物のように乾いた状態からそのまま焼くのではない。水で戻して塩を出してから、さまざまな調理法で料理するのである。だから、ジャガイモと同様、それぞれの国や地域にそれぞれの食文化に応じた食べかたがあり、いずれも懐かしい伝統食としていまに伝えられている。

　フランスでは、最近「ネオ・ビストロ」と呼ばれる、昔ながらの大衆的な食堂の雰囲気を残しながら料理やインテリアをお洒落な現代風にアレンジした店が流行だが、そういう店の定番メニューのひとつが「タラのブランダード」である。

　ブランダードというのは、水で戻した干ダラを牛乳でぐずぐずになるまで煮たものである。もともとは南仏の料理で、戻したタラの身をオリーブオイルに絡めながら潰すのが本式だともいうが、いずれにしてもできあがりは「魚味噌」のようなもので、その白っぽいペースト状のものを、薄く切った硬いパン（または揚げたパン）に載せて食べる。昔はキリスト教の精進日（いまでも毎週金曜日は肉断ち日としている人がいる）の魚料理といえば決まってブランダードを食べさせられたもので、その記憶を多少なりとももっている世代の中には、あんなものは二度と食べたくない……と思っている人も多いようだ。が、その素朴で家庭的な、どちらかというと時代遅れの古めかしい料理が、失われた時代へのノスタルジーを感じさせる「懐かしいおふくろの味」として若い人たちに人気なのだ。

干ダラは「ストックフィッシュ」とも呼ばれたが、ストックはオランダ語で棒を意味する。まさしく木の棒のように硬くなった「棒ダラ」である。食べるときは、水で戻す前に専用の木槌《きづち》で一時間以上叩くのが慣わしで、家庭にはかならず干ダラ専用のハンマーが用意されていたという。

タラがジャガイモと出会ったのは、ヨーロッパ諸国のタラ漁が最盛期を迎えていた十六世紀から十七世紀にかけてのことだろうか。それとも、ジャガイモがもう少し広く普及した、十八世紀以降のことだろうか。

フランスの伝統料理であるタラのブランダードの場合でも、ミルクのほかにマッシュポテトを加えるレシピがある。経済的な理由から全体の増量をはかる意味もあるかもしれないが、マッシュポテトにはタラの塩気をやわらげて味をマイルドにする効果が期待されているのだろう。そんなところでも、ジャガイモはタラに出会っていたのだった。

海を泳ぐ黄金

タラは水温が十度以下の冷たい海に棲《す》む魚で、ノルウェーからアイスランド、カナダ、および北アメリカ沖の大西洋がおもな棲息海域である。古くから北半球ではニシンと並ぶもっとも重要な海洋資源とされてきたが、人類の食糧としてはニシンよりタラのほうが早く、すでに先史時代から大量に消費されていた。

タラは、世界でもっとも早く市場化された海の魚である。北方の海岸地域に住んでいたノルマン人は操船と漁獲の技術にすぐれ、生活の必要以上にタラを漁獲することができたので、加工して販売をはじめた。九世紀には、ノルウェーからアイスランドを中心に早くもタラ交易の市場が成立していたという。

タラはほかのどんな魚よりも保存加工がしやすく、保存状態も安定している。塩をしなくてもただ干すだけで長いあいだよくもつし、塩をしてから干せば保存性はさらに向上する。塩干しのタラは、カビることもなく数年は品質を維持することができるという。燻製《くんせい》にしたニシンや酢漬けのニシンも同様によくもつが、工程がやや面倒なので、一般化したのはもっと遅い時代である。そのためタラはつねにニシンよりも大量に輸送され、早くから広い範囲で取引された。干ダラは馬車で長期間陸上を運ばれてもまったく問題がなかったので、近代になって冷凍技術が導入されるまで、海から遠く離れた地域で手に入れることのできる唯一の魚、といわれていた。

八世紀の末から十一世紀の初頭にかけては、バイキングが跋扈《ばっこ》した時代として知られている。まだヨーロッパの中心地域が「暗黒」といわれた中世の停滞から目覚めずにいたこの時代、デンマーク、ノルウェー、スウェーデンなど北欧の沿岸から出動した武装船がヨーロッパ全域を席捲《せっけん》した。

バイキングというと、襲撃と略奪を繰り返す野蛮な海賊のイメージがあるが、実際には卓越した航海術によって高性能の大型船を操り、南は地中海から西はアメリカ大陸北部にいたるまでの広大な海域を自在に移動しながら交易活動に従事し、ときには沿岸部に植民して定住するなど、多彩な活動を通じてその後のヨーロッパに大きな影響を残した。

神出鬼没と怖れられたバイキングの機動的な攻撃力は、帆走もできれば漕ぐこともでき、喫水《きっすい》が浅いので河川にまで侵入することが可能で、ときには陸上を牽引して移動させることさえあったという高性能の木造船によるところが大きいが、一方で、長期の遠征と資金の調達を支えたタラの存在も見逃せない。彼らは大型の船に大量の干ダラを食糧として積み込んでいたので、寄港せずに長いあいだ航海を続けられたうえ、要所で寄港したときはそれを売りさばいて資金を稼ぐこともできたのである。

バイキングは、すぐれた航海者であると同時に有能な事業家でもあって、九世紀にはノルウェーにもアイスランドにもタラの加工工場をもっており、干ダラを外国へ輸出して外貨を稼いでいた。

ヨーロッパでなぜそれだけ大量のタラが消費されたのかといえば、動物性蛋白質を供給する食物が乏しかったからだ。

狩猟ができる貴族は別にして、肉類は一般庶民の口にはめったに入らず、一年に一度ブタを解体して塩漬け肉をつくることができれば上々だった。

それに中世の頃はキリスト教の教義に厳密に従うと一年のうち半分近くは肉断ちをしなければならず、塩漬け豚にかわる魚が必要とされてもいた。その中で、安い値段で買えて長期間の保存ができるタラは、どの家庭にとっても貴重な常備食材だったのである。

新鮮な生のタラの味は、タラが獲《と》れる海の沿岸に住むわずかな人たちにしか楽しまれていなかった。白い背腹の身だけでなく、ほほ肉と頭頂の肉がとくに好まれたのはさすが魚の食べかたをよく知っている海洋民族だが、最高の美味とされていたのはわずか三センチにも満たないタラの舌だった。茹でても炒めてもよいが、タマゴと牛乳にからめて粉をつけて揚げるのが本場のやりかただそうで、一人前で最低六個なければ足りないというから、タラが大量に獲れる港でなければ食べることはできなかった。

しかし、そんなタラの獲れる海岸に住む人びとでさえ、本格的に干ダラがつくられるようになって以降は、生のタラを食べることはめったにできなくなった。タラの加工はしだいに陸上の工場から洋上の船の上に移り、漁獲と同時に塩干の作業がおこなわれるようになったので、港に到着するときにはすでに干ダラになっていたからである。

ニューファンドランド

北方海域に本拠を置くノルマン人に続いて、大西洋のタラ漁に乗り出したのはバスク人だった。十六世紀以降はスペインとポルトガルが参戦し、さらにフランス、イギリス、オランダも加わって、タラの漁獲を争う「タラ戦争」はますます激しくなった。

勇猛果敢なバスク人は、もともと捕鯨をおこなっており、鯨を追ってニューファンドランド島の近くまで行くことがしばしばあった。そしてその漁場でタラを見つけ、簡単に獲れて儲《もう》けのよいタラ漁に転身した。タラは大食の悪食で、どんなエサにも食らいつく。イワシ、アンチョビ、サバ、ニシンはもちろん、昆虫にもカエルにも飛びつくので、面白いように釣れたのだった。

　ニューファンドランドは、北米大陸の東端に位置する大きな島で、十五世紀末にイタリア人探検家ジョヴァンニ・カボートがはじめて上陸したことから「テラ・ノーヴァ（新しい世界）」あるいは「ニュー・ファウンド・ランド（新たに発見された土地）」と呼ばれるようになった、一連の「新大陸の発見」によってヨーロッパ人に知られた土地のひとつだが、この島の沖合いは世界屈指の大漁場だった。

　鯨を追って北の果ての海まで行き、そこでタラ漁をはじめたバスク人たちは、彼らの船のすぐ向こうに、やがてコロンブスが「発見」することになる大陸が横たわっていることにおそらく気づいていた。彼らがそこに到達したのはコロンブスによる新大陸発見の百年も前のことで、一説によれば彼らがそのことをコロンブスに教えたともいわれている。

　ニューファンドランドはその後イギリス領となり、現在はカナダの州のひとつになっているが、中世から近代にいたるまでこの北米大陸の沖で釣れた大量のタラが、日常の保存食糧としてヨーロッパの人びとの暮らしを支え、アメリカに経済的な恩恵をもたらして独立の基礎を築き、また奴隷貿易の代金としてアフリカから新大陸への強制的な人口移動を促しもしたのだった。

しかし、世界の政治や経済にこれほど大きな影響を与えた重要な魚も、歴史の表舞台からすっかり姿を消してしまった。

私がポルトで食べたタラも、バルセロナで食べたタラも、おそらくノルウェーかアイスランドあたりの近海で獲れた「ヨーロッパ産」だろう。少なくとも、もうヨーロッパからニューファンドランド沖までタラを獲りにいく船はないはずだ。

タラは大食かつ多産で、一匹の親が孕《はら》む卵の数は五百万個から八百万個にも達するといわれ、

「もしもそのまますべての卵が孵《ふ》化《か》したとしたら、わずか三年のうちに大西洋はタラの背中を歩いて渡れるようになるだろう」

とアレクサンドル・デュマがいったように、何百年間にもわたって人びとの胃袋を満たしながらもつい五十年ほど前までは資源が増え続けていたのだが、二十世紀になって大型のトロール船が海底から根こそぎタラを一掃し、あの不滅と思われたタラの姿が、ニューファンドランド海域からさえほとんど消えてしまったのである。

野菜の話をするといってタラの話が長くなったが、私はずうっとタラとジャガイモの出会いのことを考えながら、ブラガ風のタラ料理を食べていたのだった。

せっかく出会った相性のいいタラとジャガイモなのに、いまやカップルの釣り合いが取

れなくなっているのは残念なことである。

が、ジャガイモが新大陸からの贈りものであったように、ヨーロッパ人が常食としていたタラもまた大西洋をはさんで反対側にある「新しい土地」の海からおもに供給されていたことを考えると、現代に生きる私たちが感じている分かち難い世界の一体性は、すでに数百年も前から皿の上で実現されていた……と考えることもできそうだ。

スープの語源

私が子供の頃、まだ茶碗にこびりついている飯粒をうっかり洗い流しでもしようものなら、母親からきつく叱られたものだった。フランスでも、子供たちがパンをちぎって投げたりすると（子供たちはよくそうやって遊ぶのだが）、ほかの悪戯《いたずら》をするときより親は厳しく叱責する。ひとつの民族にとっての主食というものはそういう存在なのである。だからアンデス文明ではどんなにジャガイモがたくさん食べられていても主食の地位は神聖なトウモロコシに譲らざるを得ないし、ヨーロッパでは、ジャガイモがなくては死んでしまうといいながら、やはりキリストがみずからの肉と認めたパンのほかに主食はない。

しかし、小麦が育つ気候に恵まれた国は限られている。ヨーロッパでいえば、フランスとドイツの国境あたりが境目で、そこから南あるいは西に位置する地域では小麦がよくできるが、東または北へ行けば小麦ではなく、大麦、ライ麦、オート麦などの麦類しかできなくなる。だから同じパンでも北東ヨーロッパでは黒パンしかできないし、ジャガイモに頼らざるを得ないケースも多くなる。

それでは、ジャガイモがなかった時代、カルドヴェルデはどうやってつくっていたのだろう。「ポルトガルの味噌汁」は、キャベツの葉とマッシュポテト、それにタマネギのみじん切りとソーセージの断片でつくるのだが、マッシュポテトのかわりにはなにが使われていたのか。

ギリシャ料理の前菜であるタラモサラタは、タラコとマッシュポテトをオリーブオイルとともに混ぜ合わせる……というのが一般に広く流布しているつくりかただが、ギリシャ人が書いたレシピブックによれば、ジャガイモではなくパンを使うのが伝統的なやりかたであるという。

パンを水に浸してから軽く絞って小さくほぐし、タラコを潰したものに、オリーブオイルを少しずつ加えながら混ぜていく。最後にさらにオリーブオイルを加えてやわらかさを調節し、レモン汁を少々加える、というのが基本的なつくりかたで、タマネギやニンニクを入れるとか、卵黄を加えるとか、レシピには料理家によって微妙な差異があるけれども、外国人が紹介したギリシャ料理の本ではしばしばマッシュポテトを使うように書いてあるのに対して、ジャガイモを使うのは本式ではない、とギリシャ人は主張している。

もちろん、うるさいことをいえば、フードプロセッサーではなく石臼に材料を入れて潰し混ぜるのが正しいとか、タラコではなくてボラの卵を用いるのが正しいとか、タラコでも市販品に多いスモークされたものではなく昔ながらの塩漬けを使うのがよいとか、言い分はいろいろあるようだが、要するに、いまはギリシャの一般家庭でも市販の着色タラコにジャガイモを混ぜた簡便なタラモサラタをつくる人がいるが、ギリシャ人はジャガイモが伝来するずっと以前から、パンを使ってこの料理をつくっていた、というわけだ。

この例から推察すると、カルドヴェルデにも、昔はパンをほぐして入れていたのではないだろうか。

ポルトのレストランで最初に出てきたパン籠に、前日に残ったパンを焼きなおした再利用品が出てきたことは前に書いたが、パンは大切な主食であったとはいえ、毎日焼いていたわけではないし、食べ残しも使い余りもあっただろう。どこの国でもそういう硬くなったパンを大事にとっておいて、料理をつくるときに利用したのである。

フランス人は、朝食のとき、パンをカフェ・オ・レに浸して食べる。イタリアの田舎へ行くと、パンをちぎってカフェ・ラテの中に入れ、それをスプーンですくって食べる人がいる。朝のミルクコーヒーは茶碗のような大きなボウルに入れて飲むのが習慣だから、この光景は、パンの入ったスープを食べているようにも見える。

スープの中にパンを入れて食べるのは、ヨーロッパでは普遍的な習慣である。さすがにレストランでやる人は少ないが、家で食べる日常の食事ではそれがあたりまえで、とくに田舎へ行けばそうである。スープが出てくれば、当然のようにパンをちぎって投げ入れ、パンに汁が滲みてぐずぐずになった頃合いをみはからって、そのパンをスープといっしょにスプーンですくって食べる。

南フランスのレストランで、ブイヤベースやスープ・ド・ポワッソン（魚のスープ）を注文すれば、別皿に薄く切ったパンを載せてもってくる。

そのパンの上にスパイスのきいたマヨネーズ状のものを塗り、スープの上にそっと置いて、しばらくしてパンに汁が滲みてきたら、そのパンごとスープをすくって食べるのが定番の作法である。

この場合の薄切りパンは乾いたカリッとしたパンで、そのほうがよくスープが滲みるというのだが、要するに前日の残りパンの再利用といっていい。たしかにスープに浸せば古くて硬いパンでも食べられるし、昔のパンはただでさえモソモソして喉につかえるようなものだったろうから、そうして汁気を与えて食べるのはよい方法だったに違いない。

実をいうと、スープという言葉は、もともとこのパンのことを指していたのだ。ボウルか深皿に一片の硬いパンを入れ、そこに汁を注ぐ。しばらく待ってから食べれば、パンはやわらかくなっている。

その、汁の滲みたパン、またはそのために汁の中に入れるパンのことを、「スープsoupe」と呼んだ。フランス語の語源辞典によれば、十二世紀の末頃からあらわれた言葉だそうである。

その後、「ポタージュpotage」という語もあらわれたが、これは「ポ（ポット）pot＝鍋」の中に入れる具材すべてを示す言葉で、パンのほかに肉や野菜などを入れたスープをポタージュと総称するようになった。時代が進むにつれて、パンだけのスープから、野菜も、そして肉類もと、しだいに中身が豊かになってきた歴史がうかがえる。

現代のフランス語でも、家庭菜園のような小さな野菜畑、料理に使うために野菜やハーブを育てている菜園のことを「ポタジェpotager」というが、これは、スープの鍋に入れる具材をつくる畑、というのが本来の意味だ。

なお、レストランでスープ（またはポタージュ）にクルトンという小さなサイコロ形のパンの断片（焼くか揚げるかしてある）を最後に散らすのは、昔の「スープ（の中に入れるパン）」の姿を偲《しの》ばせる、ある種の儀式のようなものなのである。

失われたパン

時代が進んで豊かになったといっても、スープをつくるときに鶏や牛の肉あるいは骨でダシを取ることができるのは、ごく一部の富裕な人びとに限られていた。庶民の毎日の生活では、パンのほかに、わずかな野菜があればいいほうで、貧しい家庭では、タマネギを刻んで煮出したものがスープだった。

中世の頃ヨーロッパの中心部を覆っていた広葉樹林は、しだいに伐採されて町と草原ができていったが、緑に恵まれた地域に暮らす農民は豚を森に放して飼っていたから、冬になると一頭か二頭解体して、腸詰や背脂の塩漬けなどの保存食をつくることができた。

そういう農家では、塩漬けの豚の脂身を少し削って、タマネギを刻んだものといっしょに鍋に入れ、水を注いで煮たものがスープである。それに保存してある豆を入れ、キャベツがあればキャベツを加える。それが毎日の食事のほぼすべてだった。

パンは新しければそのまま食べ、古くなったらスープに浸したのだろう。ジャガイモがあらわれるまでは、腹を膨らせてくれるものはパンだけだった。

フランスでは、古くなって干からびたパンのことを「パン・ペルデュ」と呼ぶ。直訳すれば、失われたパン、という意味である。フランスパンは、焼きたてはおいしいが時間が経つとすぐ硬くなるから、失われた、つまり、ダメになった、食べられなくなった、というのだが、こういうパンを溶き卵とミルクに浸して戻し、フライパンで焼いたものがいわゆるフレンチトーストである。アメリカのホテルで朝食としてサービスされたので「フレンチ」というのだが、フランスでは単に「パン・ペルデュ」と呼び、朝食に食べる人は見たことがないけれども、これも最近、懐かしい昔の味として、三ツ星レストランやネオ・ビストロのファッショナブルなデザートとして脚光を浴びている。

汁に浸したパンをスープと呼び、それが食事のすべてであった時代。

古くなった硬いパンを、使いまわして食べていた時代。

いまから二百何十年か前、身近にジャガイモが普及しはじめると、パンの役割は、しだいにジャガイモという「代用食」によって取って代わられた。そして、スープにパンを入れて食べる癖や、硬いパンをさまざまな料理に利用する習慣は、古臭い（失われた……）やりかたであると考えられるようになっていった。

かつてパンが果たしていた役割の、かなりの部分をジャガイモが担うようになり、その結果、ジャガイモはますます人間の生存に欠かせない基本的な食糧として存在感を増すことになったのである。

本当に、ジャガイモは「主食」になってもおかしくない稀《まれ》な野菜だったが、そう考えると、キリストがジャガイモに出会わなかったことだけが返す返すも残念である。

土のないジャガイモ畑

私がアイルランドに旅したのは、石楠花《しゃくなげ》が咲く初夏六月であった。空路ダブリンに入って数日を過ごした後、西へクルマを走らせてゴールウェイで海岸に到達し、そこからイニシュモア島に渡った。

アイルランドがもっとも美しいとされる季節の旅であったが、ダブリンを出てからは雨と曇りの日が続き、西海岸にたどりついて眺めのよいはずの崖の上にのぼっても、海は濃い霧に包まれていてなにも見えず、足もとから冷たい風が吹き上げてくるばかりだった。

明るい陽《ひ》が射しはじめたのは、イニシュモア島に渡った翌日のことである。

イニシュモア島は、アイルランド西海岸のゴールウェイ湾に浮かぶアラン諸島のひとつで、その特異な風光と、太い毛糸を手編みしたフィッシャーマンズ・セーターで知られる観光地となっている。

アラン諸島の島々は、果てしなく広がる大西洋に向かって突き出した、石灰岩の巨大な塊である。岩盤の上に石ころだらけの畑がつくられ、強い風に耐える小さな窓の家々が点在している。屋根の上に重い石を積んで吹き飛ばされないようにした小屋。巨大な石に寄り添うようにして建てられた家。藁葺《わらぶ》きの屋根が剝がれて骨格だけになった廃屋。……明るい太陽の下に見えたのは、さいはての島の過酷な環境を物語る風景だった。

畑は、石を積んだ低い塀によってそれぞれの区画に分けられている。区画の単位は小さく、たがいに複雑に入り組んでいるが、猫の額のような狭い区画にも、丁寧に石を積み重ねた境界線が律儀につくられている。畑の周囲を石で囲むのは、所有者を示すとともに、海からの強い風を避けるためでもあるのだろう。

もともとこの岩盤の島には、土といえるようなものはなかったのだという。数千年も前からこの島に住みついた人びとは、石をこまかく砕き、海藻を小さく断ち、石と石の隙間にわずかに付着する粘土と混ぜ合わせて、土のようなもの……を丹念につくりだした。そして、生きるために必要な穀類をそこに植えた。おそらく、大麦か、オート麦か、雑穀のようなものが最初の糧《かて》だったはずである。

昔のままのたたずまいを見せる石ころだらけの畑には、太陽の光を受けて緑の葉が繁っていた。見たところ、キャベツのような野菜もわずかにあったが、そのほとんどはジャガイモの畑だった。観光地だからいまは本土からパンや食糧が運ばれてくるに違いないが、島の住人が自分たちのためにつくる作物はジャガイモなのである。この島でも、いつからか、ジャガイモが麦に取って代わったのだ。

イモに月が出ている

ジャガイモの歴史をたどる旅は、アイルランドで終えるのがふさわしいだろう。アイルランドは、人類史上、ジャガイモを真の意味で主食にしたことのある、唯一の国だからである。

ヨーロッパでは、ジャガイモが広く導入されて以来、飢饉といえるようなものは一度も起きていないが、その唯一の例外は、アイルランドが経験した一八四五年から四九年にかけての悲劇であった。

アイルランドは、新大陸が発見された直後に沖合いで難破したスペイン船からもってきた、という説があるくらいに、ヨーロッパ諸国の中ではもっとも早くからジャガイモが伝えられた国のひとつだった。

そして、寒い国の瘦《や》せた土地でも育つジャガイモは、「どんな穀物より六倍も多く収穫できる」といわれて、ほどなく人びとの口を養う重要な作物となっていった。

それでも十六世紀の末から十七世紀の後半までは、ジャガイモはまだ主食の麦類が不作のときの予備の食糧とされており、十八世紀の中頃でも、貧しい人びとにとっての冬の食糧という程度の位置づけだった。が、狭い耕地が多いため、時を追うごとに効率を求めて穀類からジャガイモへのシフトが進行していった。

アイルランドでは一七四〇年に大飢饉に見舞われているが、このときはジャガイモの栽培が広まっていたおかげで救われた。が、一八四五年には、そのジャガイモ自身が飢饉の原因になってしまったのである。

ジャガイモの原産地である南アメリカから、ベト病の一種とされる病菌がヨーロッパに侵入した。一八三〇年から四〇年にかけて、ドイツ、北欧、ベルギー、フランスへと伝播《でんぱ》し、一八四五年にはブリテン島からアイルランドに病菌がもたらされた。

フランスでは、ボルドーのワイン畑でブドウの盗難を防ぐため土手に撒《ま》かれていた液体がベト病に効くとされたが、広がる病菌の前には無力だった。この石灰と硫酸銅を混ぜた液体はボルドー液と呼ばれてその後もブドウの病気を防ぐ薬剤として今日まで使われているが、葉枯れ病あるいは立ち枯れ病とも呼ばれるこの病気の原因となる菌は、ジャガイモだけがかかる特殊なものだった。

アイルランドに上陸した病菌は、あっというまにジャガイモを全滅させた。

食べるものを失った人びとは次々に命を落としていき、その結果、一八四五年から五一年までの七年間に、百五十万人が飢餓で死に、百万人とも百五十万人ともいわれる人びとが故国を捨ててアメリカへ移民したとされている。アイルランドの人口は、ジャガイモの普及によって百年間に倍増して八百万人に達していたが、それが同じジャガイモのために半減する危機に直面したのである。

この病菌はヨーロッパのほぼすべての国に災厄をもたらしたが、アイルランドだけがあまりにも悲惨な結末を迎えたのは、十八世紀の後半から約百年が経過するあいだに、この国では、穀類からジャガイモへと、主食が完全に移行していたからである。

貧しい人びとのジャガイモ依存は、一八一〇年頃にはすでに顕著になっていた。夏になればオート麦入りのパンが少しはあったが、おなかをいっぱいにするのはジャガイモだった。牛も飼っていたし穀類もつくってはいたが、麦や牛肉はイギリスに輸出し、自分たちが食べるのはイモばかりだった。

ジャガイモは、茹でて食べた。大きな鍋で皮ごと茹でて、網籠に移して食卓または床の上に置き、家族全員がそれを取り囲んだ。誰もが次々に、一個食べながら二個目の皮を剝き、三個目を拳に握って四個目に視線を送る……という具合に、ひとりで一日に四キロも五キロも食べたという。

しかし、そうやってジャガイモでおなかをいっぱいにできる時代も、じきに終りがやってきた。十九世紀もなかばに近づく頃になると、連作障害による不作が続いて種イモが劣化し、イモは水っぽく栄養もなくなっていった。ときには腹が減っているのに豚にくれてやるしかない、「鳩の卵より小さい」イモしかできないこともあった。

それでも、もうオート麦もつくっていないから、ジャガイモ以外には食べるものがない。飢饉が襲った一八四五年頃には、多くのアイルランドの家庭では、パンは誰も見たことがなく、台所にはイモを茹でる鍋のほかにはオーブンもなかったという。もう二十年来ジャガイモ以外は栽培せず、ジャガイモ以外は食べたことも料理したこともないので、主婦はジャガイモを茹でる以外の料理を知らなかった……。

こうして、ジャガイモの単作に特化したためにじわじわと衰えを見せていたアイルランドの菜園は、目に見えない病菌の一撃によってもろくも壊滅したのである。

死者と移民に取り残された者たちは、わずかに菜園に残ったイモを拾い、「月が出ている」イモを食べて飢えを凌《しの》いだ。

ジャガイモに完全に火を通すと、やわらかくて食べやすいが、腹持ちが悪い。だから子供には中まで茹でたイモを食べさせたが、大人たちは、外側は茹だっているが中のほうはまだ茹だっていない、生煮えのジャガイモを食べたのだった。そのほうが消化が悪く、長い時間、腹にもたれるからである。

生煮えのジャガイモを切ると、まだ火が通っていない中心部は色が違って見える。その丸いかたちを月に見立てて、きょうのジャガイモには月が出ているぞ、といって笑って食べたのは、窮地に追い詰められてもなお哄笑《こうしょう》を忘れない、冗談好きなアイルランド人のせめてもの矜持《きょうじ》だったろうか。

アイリッシュ・シチュー

イニシュモア島で、私は地元の人に案内されて島の西側にある岩場を見に行った。縁に石を積んだジャガイモの畑がえんえんと続く風景の中を歩き、ところどころに家がある町はずれを抜けると、あとは険しい岩盤の山道だった。滑る足場を慎重に確保しながら三十分くらい登ると、海を見下ろす高い崖の上に出た。干潮の時刻だったので崖に沿って続く岩場にはあちこちに大きな水溜りができていたが、満潮になると海は崖の高さまで上がってくる。その頃合いを見はからって、この岩場から船を出したのだという。

アラン諸島の漁師たちは、サメ漁で生計を立てていた。カラクと呼ばれる二人乗りの小さな船に乗り、荒波に向かって漕ぎ出したのである。入江に浮かぶ島とはいえ、サメのいる西海岸は大西洋の外洋に面している。それは危険きわまりない漁だったが、生きていくためにはほかに選択肢がなかったのだ。

遭難覚悟で船を漕ぎ出す男たちのために、妻や恋人はセーターを編んだ。冷たい風から身を守るように太い毛糸で、遭難したときに死体を見てすぐわかるように、それぞれ違った模様を編み込んで……。

岩盤には、ところどころに黒いタールの痕《あと》が残っていた。破損した船を修理して、また海に出て行った名残りだという。

アメリカに新天地を求めて故国をあとにした者たちも、イニシュモア島ではこの岩場から船を出したのだろうか。

一八四五年からの数年間にアメリカに移民した百万人を超える人びとの中には、のちに合衆国大統領になるジョン・F・ケネディの曾祖父の一家もいたけれども、空腹と病気で衰えた体力では大西洋の荒波を乗り切ることができず、船は出したものの対岸へたどりつくことなく洋上を流離《さすら》い、アメリカを見ずに死ぬ者も多かった。死を覚悟で漕ぎ出す彼らの船は、棺桶船と呼ばれたという。

私は複雑な気持ちで岩場に残された黒いタールの痕を見ていたが、寒くなったので町へ引き返し、ちょうど昼どきになっていたので、近くにある食堂に入った。

まず、ギネスを注文し、ゆっくり飲む。少なくとも三分はかけてじっくりとこまかい泡をグラスの縁まで詰めたギネスのドラフトは、アイルランドで飲むと格別にうまい。

六月の末に近い、よく晴れた日であった。が、風は冷たく、午後からは天気が変わりそうだった。

私はアイリッシュ・シチューを注文して、温かい一皿がやってくるのを待つあいだ、アイルランドには「ハングリー・ジュライ」という言葉がある、と聞いたことを思い出していた。貯えたジャガイモが底をつき、次の収穫がある夏までの、端境期《はざかいき》にあたる七月。またの名を「キャベツの七月」ともいうそうだが、腹を膨らます食べものがない、かつては空腹に悩まされていた季節が、すぐそこにまで来ていた。

アイリッシュ・シチューは、羊の頸《くび》肉と、タマネギと、ジャガイモを煮込んだ料理である。これにニンジンを入れるか入れないかはつねにアイルランド人の熱い議論の的となってきたが、この食堂のシチューには入っていなかったところを見ると、シェフはニンジンを入れるのは邪道だと思っているのだろう。彼らが愛しているのは、そして、愛すると同時に言葉にできないほど複雑な感情をいまも抱いているのは、生と死の運命をともにしてきたジャガイモだけなのだ……。

アイリッシュ・シチューは、温かくて、おいしかった。もちろんジャガイモはよく煮えていてやわらかく、中に月は出ていなかった。

第3章　トウガラシはなぜ辛いのか

虎のミルク

魚をナマで食べるのは日本の専売特許ではなく、太平洋を囲む広大な沿岸地域には、同じようにナマの魚介を食べる食文化が点在している。ペルーのセビーチェは、その代表的なものである。

セビーチェは、一言でいえば、ナマの魚介類を塩と柑橘《かんきつ》の酢で締めたものだ。ヒラメやタイなどの白身魚が上等だが、アジやキスなどの青魚でも、エビでもカニでも貝でもかまわない、ナマのまま適当な大きさに切って、香味野菜を混ぜ、たっぷりの塩を振ってから、ライムなど柑橘類のジュースを搾ってまわしかける。

そのまましばらく置いておくと、塩と酢が浸透した魚介の身肉から水分が滲み出し、溶け出したアミノ酸によってその汁は白く濁る。

放置しておく時間は、一時間か、二時間か。

セビーチェを得意料理として人気を得ているニューヨークの日本料理店では、あまり締め過ぎるとフレッシュな風味が失われるといって最近では注文があってから酢を搾りかけるが、それでは日本式の酢のものと変わりがなくなってしまう。塩と酢の力によって引き出された蛋白質の旨みを味わうのがこの料理の要諦なのだから、少し長めに塩と酢にさらすほうが本場ふうだ。

私は、ペルーの首都リマに滞在中、毎日、昼はセビーチェを食べた。

レストランのメニューにもセビーチェはあるが、セビーチェを売りものにしてそれだけを食べさせるセビチェリアという専門店があって、たしか夜はやっていなかったような記憶があるが、昼間はいつもおおぜいの客で賑わっていた。

私がとくに気に入ったのは、コンチャ・ネグラ（黒い貝）という、小型の赤貝を殻も身も黒くしたような、血の色までが黒い貝のセビーチェだった。海の香りと、濃厚な旨みと、こりこりとした食感が、何度食べても飽きなかった。

セビチェリアにはリマ在住の友人に連れて行ってもらったのだが、二日酔いのときには「虎のミルク」を飲むとよい、と教わった。

セビーチェの魚介からは、アミノ酸の旨みが凝縮した白い汁が滲み出している。その白濁した酸っぱい汁のことを「虎のミルク」と呼ぶのだそうだ。セビチェリアでは、虎のミルクをくれ、というと、小さなショットグラスにその白い汁だけを注いで出してくれる。それが、二日酔いにことのほか効くという。

そういわれて飲んでみたら、おいしいので、二日酔いではない日の昼も私は毎日「虎のミルク」を飲んだ……のだが、そういえば、南米大陸に虎はいただろうか？

セビチェリアで虎のミルクを飲むときにペルーに虎がいるかどうかを考えている人がいないように、たとえ二日酔いの頭でなくても、野菜を食べるときにその原産地がどこかを考えている人はいないはずだ。

料理をしようとしてまずタマネギを刻みはじめるとき、それが何千年前からどういう経路をたどっていま目の前のマナ板の上にまでやってきたのか……そんなことを考えていたら、料理はいつまで経ってもできあがらない。

ごく一般のドイツ人に、ジャガイモはアメリカから来たものですよといえば、冗談じゃない、俺たちは大昔からジャガイモを食べてきたのだ。ドイツ人の魂をつくるジャガイモが、アメリカなんぞから来てたまるものか、と、ビールを飲んでいたら真っ赤になって怒るだろう。

トマトはやはり南アメリカの西海岸が原産地で、ジャガイモやトウモロコシと前後してヨーロッパに伝わったが、当初は観賞用の植物と考えられていた……とイタリア人にトマトの来歴を説いても、おそらく同じような反応が返ってくるに違いないし、インドやアフリカでトウガラシの原産地を聞けば、インド人はインドだと答え、アフリカ人はアフリカだと答えるに決まっている。

ジャガイモのないドイツ料理も、トマトのないイタリア料理も、いまではまったく想像することすらできない。では、辛くないカレーや、赤くないキムチは？

トウガラシがインドに到達する前は、クミンやクローブやカルダモンの入ったガラムマサラはあったとしても、辛味がある材料はコショウかショウガくらいのものだった。だから十五世紀以前のインド人は、辛くないカレーを食べていたのである。

キムチは沈菜といって、野菜を水に沈めた、いわゆる水キムチが最初である。トウガラシが伝わる前の朝鮮半島では、赤くも辛くもないキムチが食べられていた。

新しい野菜の伝来は、それだけで一国の食文化が丸ごと変わってしまうような衝撃をもたらすこともあれば、伝わりはしたもののその地域の料理にはほとんど影響を与えなかったこともある。が、また、伝わりはしたが根づかないまま、痕跡らしい痕跡さえ残さずに消えてしまうこともあった。

トウモロコシの構造

セビーチェでは、タマネギのほか、ジャガイモやサツマイモ、ピーマン、トマト、トウガラシなどの野菜を添えて皿に盛るが、欠かせないのはトウモロコシである。粒をほぐしたものか、丸のまま茹でて輪切りにしたものが、かならず添えられる。

その場合のトウモロコシは、私の経験の範囲では、大きな白い粒のものが多いようだった。アンデスのトウモロコシの色はさまざまで、黄色や褐色のほかに、青、赤、紫などとりどりの色があるけれども、白くて大きい粒をつけるずんぐりとしたかたちのものが、栄養に富み、碾《ひ》くと細密な粉になるとして優れた品種に数えられているらしい。

私は、ペルーからこの白いトウモロコシの粒を持ち帰り、畑に植えてみた。が、ほどなくして芽が出て、葉が繁り、どんどん生長して背が高くなったが、いつまで経っても実がつかない。最後は三メートル近い異様な高さとなり、大きな葉が邪魔なくらいに長く伸びたが、どこを探しても実はなかった。

外国からもって帰った種の中には、播《ま》いても芽が出なかったり、うまく生長しなかったりするものがときどきあるが、こんなに立派に育ちながら実がつかないというのははじめてだった。標高が違うからか、南半球で季節が逆転するためか……トウガラシはたいていの品種が問題なく育つというのに、白いトウモロコシだけはできなかった。種を播くときに、アンデスの神々に祈らなかったせいだろうか……。

白いトウモロコシはあきらめたが、いまは、アメリカから取り寄せた種で色とりどりの飾りコーンをつくっている。

飾りコーンというのは成熟しても十センチあまりにしかならない小さなトウモロコシ

で、黄色、金色、黒、茶、赤、紫など、さまざまな色の粒が一本の実に混在しているものだ。改良された品種だからある程度の色のまとまりはあるのだが、それでも収穫して皮を剝いてみるまでは、中がどんな色になっているのか予測がつかない。

あらためて考えてみると、トウモロコシという植物は不思議な構造をしている。花は、長く伸びた茎の天辺《てっぺん》にイネの穂のように咲くが、これはオスの花穂《かすい》で、メスの花穂は下のほうの離れた場所にあって、受粉するとそこが膨らんで実ができる。いわゆるトウモロコシの髭《ひげ》というのはメスの花の雌しべが長く伸びたもので、あの細い毛は一本一本が皮の中にある実に繫がっているという。トウモロコシがヨーロッパに伝えられた当初、花が咲いたあとの場所に実をつけるという自然の法則に反している、と難癖をつけられたのも無理からぬ話である。

今日のトウモロコシのもとになったとされる植物は、世界中の学者が血眼になって探しているにもかかわらず、これが原生種だと誰もが納得するようなものはまだ見つかっていない。

が、おそらくは、ある特定の地域でひとつの原生種が改良されて栽培化の道筋がつくられた、というような話ではなく、中米から南米にかけての広汎な地域で、数千年という単位の気の遠くなるような時間をかけて、自生する多くの野生種がたがいに交雑して何度も変異を繰り返す中で、生き残った優良な形質が受け継がれ、さらにあらたな変異を繰り返し……という具合に姿を変えていきながら、しだいにアメリカ大陸一帯に拡散していったと考えるほうが妥当なようである。

そうして、紀元前十世紀頃には、できた実を包葉の中に慎重に包み隠して外敵からガードし、完熟しても飛び散らずにまとまっている、人間の食糧として非の打ちどころがないトウモロコシが完成していたのである。

その不思議な植物に遭遇した人びとは、「すでに誰かが創造した」としか思えないような作物を見て、神の仕業と考えたのではないだろうか。

どのような土壌にも気候にも適応し、簡単に植えつけることができて比較的短期間に実り、収穫すれば長期の保存がきき、粒のまま煮て粥《かゆ》にしても、また粉にして焼いても食べられ、酒をつくることもできるトウモロコシというイネ科の一年草は、あらゆる意味で、彼らの主食にふさわしい植物であった。

ペルーに旅してアンデスの山地を麓《ふもと》から見上げると、嶮《けわ》しい岩肌をあらわにしたはるかな山の上に、そこだけが繁みに覆われた緑の隊列が見えることがある。急斜面につくられたトウモロコシの段々畑である。低い雲の切れ目から垣間《かいま》見える、光を浴びたその隊列の光景には、私たちが見ても思わず居ずまいを正させる神々しさがあった。

こういう急峻な山の斜面に段々畑をつくることを階段耕作というのだそうだが、ユカタン半島のマヤ文明も、メキシコ中央高原に栄えたアステカ文明も、中部アンデスを支配したインカ帝国も、いずれも階段耕作によるトウモロコシの大量栽培がその基礎を支えていた。スペイン語でこの階段のような段々畑のことをアンデネスといい、それが「アンデス」の語源になったという。

マヤ文明には、

「最初の人間は粘土でできており、洪水にやられて崩れてしまった。二番目の人間は木でできており、雨に打たれて朽ちてしまった。三番目の人間だけが生き延びた。トウモロコシでできていたからだ」

という口承があるそうだが、人びとはこの作物に深い敬意を払いながら、大切な命の糧として世代を超えて育ててきたのである。

チチャのある家

アンデス山麓地域では、トウモロコシからチチャという酒をつくる。

私は、ペルーの古都クスコの町外れにある居酒屋で、飲んだことがある。

居酒屋といっても、なんの変哲もないふつうの家だが、軒先に、赤い布をくくりつけた棹《さお》が出ていた。そのときいっしょにいた案内人が、それがチチャを売る店の看板だということを教えてくれなければ、そのまま見過ごすところだった。

道路に面した小さな門をくぐると、猫の額ほどの庭があり、その奥に、家……というか、土壁の小屋のようなものが建っていた。

中にいる人と目が合ったので、私が酒を飲むジェスチャをすると（だいたいどこの国でも同じようような動作をすれば通じるものだ）、こっちへ来いと手招きする。カラフルな布をまとった、一家の母親のようだった。

暗い家の中に入ると、片隅に大きな素焼きの甕《かめ》が置いてあった。彼女は黙って甕の中の液体を、細い手で小さな茶碗に注いでくれた。

チチャは、発芽させたトウモロコシを発酵させてつくる酒である。白濁して泡立ったドブロクの状態で、口に含むと、いかにも原初の酒らしい、酸っぱくて、雑な、しかしどこか懐かしい味がした。

居酒屋といっても、家の前の狭い庭に一組のテーブルと椅子が置いてある以外、それらしい設《しつら》えはない。家の中は丸見えで、厚い毛布を敷きっぱなしにした低いベッドのまわりに所帯道具が散らばっていて、そのあいだを縫うようにしてクイが走りまわっていた。

クイは、テンジクネズミ……つまり、モルモットのことである。彼らはクイをペットとして飼いながら、ときに大切な蛋白源として利用する。

クイの丸焼きは高地ペルーの名物料理なので、私も前の晩にクスコのレストランで食べた。鶏のようなウサギのような淡白な肉質で、味は悪くないが、四肢を突っ張って串に刺された姿を見るのはあまり気持ちのよいものではない。その居酒屋のような家の庭にも炭焼きのグリルがあったから、注文すれば焼いてくれるのかもしれなかったが、二日続けて食べたいとは思わなかった。

石で組んだグリル用の炉のわきに、ジャガイモが置いてあった。

どれも小さな、鶏のタマゴかそれ以下のサイズで、黄色、茶色、赤、青……と色はさまざまだった。

アンデスの先住民は、ひとつの畑に何種類ものイモを植えつけ、また、畑も複数もっていて、毎年栽培する場所を変えるのだという。

どれかの品種が病虫害でやられても他の品種が生き残るように、そして連作による障害を避けるために、そうした栽培技術上の知恵を、彼らは何世代にもわたって受け継いできたのだった。

イモを大きくするとか、収量を多くするための品種改良ではなく、先祖から受け継いだ古い品種を大事にしながら、多様な種類のイモを毎年同じように収穫できることを重視するのが、彼らのやりかたなのだ。トウモロコシの場合も、土地を休ませる三年輪作など、毎年一定の収穫を確保するための農業技術が早くから確立していたという。

新大陸にやってきたスペイン人たちの中には、トウモロコシばかりを食べて、ペラグラにかかって命を落とす者もあった。

十八世紀以降、トウモロコシの単作をおこなうようになったスペインやアフリカなどの一部地域でも、ペラグラが流行した。ペラグラは複雑な機序によって発症する一種のビタミン欠乏症で、発疹《はっしん》や口内炎から胃腸障害、ときには脳症を引き起して死に至ることもある病気である。

アメリカ大陸で先史時代からトウモロコシを食べて暮らしていた人びとは、乾燥した実を粥にするときはかならず豆や野菜といっしょに煮た。また、煮てやわらかくした実をすり潰し、薄く延ばしてトルティーヤのようなパン生地をつくるときは、石灰を加えた水で煮るのが習慣だった。そうすると外皮がとれやすくなるというのが理由だが、石灰によるアク抜きにはペラグラ発生の予防効果もあった。

ペラグラは、トウモロコシだけを食べ続けた場合にかかる危険が生じる病気で、ほかの野菜を食べていれば問題はない。先住民たちが、神聖なトウモロコシだけでなくジャガイモも重要な食物であると考えていたのも、栽培作物との長いつきあいの中で培われてきた生きるための知恵なのだろう。

新しい土地に野菜や穀物は伝わっても、それらとともに生きてきた人びとの、長い暮らしの歴史まではなかなか伝わらない。アイルランドでは、ジャガイモの病気が蔓延《まんえん》した時期に食糧援助としてアメリカからトウモロコシが送られたが、食べかたがわからず役に立たなかった、という記録もある。

ポレンタとママリガ

トウモロコシは、ジャガイモからやや遅れてヨーロッパに伝わったが、その後の普及という点ではさらにジャガイモに遅れを取った。

茹でただけでそのまま食べられるジャガイモと較べると、いまのように改良されていなかった硬くて小粒のトウモロコシは、食べかたが難しかったのかもしれない。

粉にして食べるにしても、小麦をパンにする技術は古くから確立していて、パン屋という職業も地域による差こそあれ早くから社会的に成立していたから、新しい粉食が入り込む余地は少なかっただろう。

いまでも、ヨーロッパでトウモロコシの利用がその土地の食文化として伝えられているのは、ルーマニアのママリガと、北イタリアのポレンタくらいが、おもなものだろうか。

トウモロコシのヨーロッパへの伝播《でんぱ》経路は、はっきりとはあきらかになっていないが、十六世紀のうちに、地中海の東側、トルコとギリシャを経由して、バルカン半島に伝えられたらしい。新しい植物であったため、当初よく知らなかった領主や国は、トウモロコシが小作料の徴収対象になるとは考えていなかったし、税金をかけることも思いつかなかった。そのため農民は自由に収穫できる新しい穀物にこぞって飛びつき、トウモロコシの栽培は東欧から中欧にかけてのドナウ川流域を中心に急速に広がった。

ポレンタもママリガも、トウモロコシを粉にして湯で溶いた、粥、というか、餅、のようなものである。つくりたての、熱々のマッシュポテトのような状態で食べるが、冷めて硬くなったのを焼いたり炒めたりしてもよい。

ママリガはルーマニアの国民食といってもよいもので、同じくこの国の代表的な料理であるサルマレ(ロールキャベツ)にもかならずついてくるし、それだけを単独で食べることもある。

ルーマニアの街角を歩いていてすぐ目に入るのは、ママリガを売る専門店である。外からよく見えるガラスケースに、香草の入ったもの、チーズの入ったもの、黄色いの、白っぽいの……何種類ものカラフルなママリガが並んでいるのを見て最初はなんだろうと思ったが、サワークリームを添えて食べるとたしかにおいしい。

イタリアのポレンタや東アフリカのウガリもまったく同様のトウモロコシの粥餅だが、イタリア語のポレンタはラテン語で粥をあらわす言葉から来ているといい、ルーマニア語のママリガは粟《あわ》をあらわす語が訛《なま》ったものだという。どの地域でも古くから粟やその他の雑穀で粥のようなものをつくっていたのだが、それがトウモロコシに取って代わられたということだろう。フランスの西南部では、トウモロコシは粟の新品種とみなされていたという。

そういえば、例のポルトガルの「味噌汁」……カルドヴェルデの発祥の地とされるミーニョ地方では、あのスープにかならず、ブロアと呼ばれるトウモロコシのパン（コーンブレッド）を添えるのが慣わしだそうだ。

だとすれば、ジャガイモがスープに加えられる前は、雑穀からつくったパンがキャベツのスープに添えられていて、それをちぎって汁の中に入れていたのかもしれない……と、さらに推論することもできそうだ。

しかし、そんなふうにいくつかの地域では存在感を示すようになったトウモロコシも、ヨーロッパ全体の麦類を中心とする主食穀物の牙城を脅かすことはできなかった。あくまでも雑穀の代用品としての地位にとどまったために、古くからの雑穀食の伝統を受け継ぐところには定着したものの、麦類に不自由しないその他の多くの地域では、家畜用の飼料として利用されることが多かった。

現在、ヨーロッパで栽培されているトウモロコシは大半が飼料用である。フランスでは、美味で名高いブレスの鶏は地元産のトウモロコシをエサにしているからだといい、フォワグラの鵞鳥《がちょう》もトウモロコシで肥育すると自慢している。

アメリカでは、新大陸にやってきた白人たちは先住民からトウモロコシの栽培を教えてもらって命を繋いだ。

が、そのおかげで生き延びた侵略者は、恩を仇《あだ》で返して先住民を追い払った。

そして、今日では、アメリカ合衆国は世界最大のトウモロコシ生産国である。

しかし北アメリカでも、ただ「コーン（穀物）」とだけいえばトウモロコシを意味するほど重要な作物であったにもかかわらず、主食の座は、コロンブスとともに旧大陸から持ち込まれた小麦に明け渡してしまった。

現在、世界のトウモロコシの年間生産量はざっと見積もって六億トン。その四割をアメリカが占めているが、全生産量の三分の二が飼料用で、そのうえトウモロコシを自動車の燃料にまでしようと考えているのだから、かつての先住民たちの神聖なる作物も、いまや踏みにじられて地に堕ちた、というべきだろうか。

コショウの木が繁る森

新大陸の発見、といっても、いうまでもなくヨーロッパとアメリカのどちらが古いというわけではなく、それはヨーロッパ側から見たときに、彼らがそれまで知らなかった土地が海の向こうにあったから「発見」といっているだけの話だが、十五世紀から十六世紀にかけての大航海時代にはじまった両大陸間の交流が、結果としてそれぞれの大陸で孤立していた野菜や穀類を世界中の国々に広く伝えることになったのは、たしかに特筆すべき大事件だった。

その意味では、コショウ（ペッパー）を求めてインドへ向かったコロンブスが、カリブ海に迷い込んだのにインドだと思ってそこにいた先住民をインド人（インディアン）と呼び、現地の人がアヒと呼んでいたトウガラシのことをコショウだと早とちりしてペッパーと名づけたのも、世界の食文化に多大の貢献をした大間違い、ということになる。

インドの南部で、コショウの木が繁る森を見たことがある。

その旅行で私はバンガロールの南に位置する高原地帯のホテルに泊まったのだが、その一帯はコーヒー農園を中心とする広大なプランテーションになっていて、ホテルの周囲の農園が深く掘った壕に囲まれているのは野生のゾウが侵入してくるのを防ぐためで、夜になると、遠くの森の中からトラの吼声《ほえごえ》が聞こえてくるというワイルドな環境だった。

コショウの木は、木というより、木に巻きつく蔓性《つるせい》の植物である。コーヒーの木はやや大きめの灌木《かんぼく》といった程度の高さで、木漏れ日が当たる程度の日照を好むため、農園にはヤシなどの背の高い樹木がたくさん植えられている。

その背の高い樹木に、ぐるぐると巻きついているのがコショウである。細くやわらかな緑の茎は樹木の幹を伝って上へ伸び、相当高いところで実をつける。だから収穫をする農民は、コーヒーの木の枝を避けながら長い梯子《はしご》をその樹木にかけ、するすると登って茎枝の先についた緑色のコショウの実を採取するのだ。緑色のときに実を採って乾燥させると黒胡椒になり、完熟して赤くなってから採って外皮を剝くと白胡椒になる。

この、コショウという植物を求めて、コロンブスは旅に出たのか……。

私は、コーヒーの赤い実がなる灌木の繁みから、首が痛くなるほど上のほうを見上げながら、長いあいだ地球の西と東に分かれていた世界がはじめておたがいに出会うという、それまでのすべての価値観をひっくり返すような大事件がこのひょろひょろと伸びた植物をめぐって起きたのかと思うと、なんとも不思議な感慨にとらわれたのだった。

富と権力の象徴

それにしても、当時のヨーロッパ人がそれほどの情熱をもってスパイスを求めたのはなぜだろう。コショウ、クローブ、ナツメグ、シナモン、クミン、カルダモン……いまなら日本のカレー粉にもごくふつうに入っているような香辛料の価値は、いったいどのくらい大きかったのか。

一般には、スパイスは肉の保存に必要だった、と説明される。

古代から中世にかけて食べられていた肉といえば、おもにヒツジ、ヤギ、ウシ（とくに仔牛）、ブタ、ウマ、などの家畜の肉と、イノシシ、シカ、ウサギ、鳥類など、狩猟で獲る野生の肉だった。

もちろん時代と地域によってさまざまな違いがあり、習慣的ないし宗教的な禁忌《きんき》もあったからいちがいにはいえないが、どんな種類の肉であれ、とくに富裕な階級にとっては欠かすことのできない大切な食べものだった。

肉は塩漬けにすれば保存することができたし、風干しにして乾燥肉をつくることもあったが、どちらの場合もスパイスを加えたほうがより保存性が高まった。匂い消しなら古くからあるニンニクだって役に立ったはずだが、長期の保存という点では心許《こころもと》ない。

狩猟で獲るようなシカやイノシシや野鳥の肉は貴重品で、腐りかけたものでも大事に食べた。今日のフランス料理などで、狩猟で仕留めた鳥獣の肉がジビエといって珍重され、ジビエは腐りかかるくらいまで熟成したほうがおいしい、といわれるのは、匂いが漂いはじめた肉に大量のスパイスをまぶして臭みをごまかしながら食べた当時の記憶が、世代を超えて彼らのＤＮＡに刷り込まれているからに違いない。

いつでも手に入るわけではない貴重な肉類は、スパイスの力で賞味期間を延ばす必要があったわけだが、そうして古くなった肉にスパイスを揉み込んで食べているうちに、蛋白質が腐りかかった匂いと多くの香辛料の複雑な香りが一体となった、あのえもいわれぬ独特の芳香に、彼らは一種の中毒に陥ったのではないだろうか。

たしかにスパイスは、あれば役に立つことは間違いないが、なければないで、なんとか過ごすこともできたのではないかと思われる。そのスパイスという、本来は料理や食べものの余白にあるべき存在が、なぜこれほど熱狂的に彼らの心を揺さぶったのだろう。

料理に香辛料を使う習慣は古くからあった。

ヨーロッパに自生しているハーブ類はもとより、インドやモルッカやバタヴィアで産する強い香りをもったさまざまなスパイス類も、手に入ることは手に入った。

が、はるばる東方の諸国から船で海を運ばれ、紅海あたりの海岸でラクダの背に積みかえられてエジプトのアレキサンドリアまでたどりついたスパイスを、世知に長《た》けたフェニキアの商人たちがヨーロッパに持ち込んで富裕階級に売り込む頃には、目の玉が飛び出るほどの法外な値段になっていた。

新大陸の発見を目前にする頃、金とコショウはまったく同じ値段で取引されたというが、乾燥したコショウの実は同じ重さの金より見た目の量では多かったとはいえ、保存するための肉よりはるかに高価だったことは間違いない。

経済的に見れば本末転倒とでもいうべきこうした現象が起こるのは、食品としての価値とは別の意味が、コショウをはじめとするスパイスには付与されていたからだろう。地代や遺産、あるいは持参金や身代金などをコショウで支払うこともあったそうだが、当時のコショウの消費量を残された資料から計算して、実際に取引された量のうち、かなりの部分は使われずに風味を失っていったのではないかと推測する人もいる。

古代から、神に供物を捧げるときには、芳香のある植物や動物性の香料、および今日でいうスパイスの類《たぐい》が、肉類を清めるために大量に使われた。また貴人の埋葬に際しても、防臭と防腐のために香油や香料が用いられた。そうした一連の宗教儀式から、生贄《いけにえ》の肉をお下がりとして食べるときにはスパイスがふんだんにまぶされ、そのイメージから香りのある肉こそが高貴であるという感覚がしだいに植えつけられていったのではないか、という説もある。

あるいは、コショウは刺激があり、力強さを感じさせることから、権力と男らしさの象徴になった、と説く学者もいる。だから、権力を誇示するために、より多くのコショウを手に入れることを競うようになったのだと。コショウはたしかに貴重であったとはいえ、ほかのスパイスと較べると、象徴としてその所有量を誇ることができる程度には十分な生産量があった。

そうした、はっきりとは理由が突き止められない強い欲望に突き動かされて、とにかく十五世紀以降のヨーロッパは、東の海の彼方にあるというスパイスの故郷を求めて狂奔した。スペイン、ポルトガル、イギリス、オランダ……一攫《いっかく》千金を夢見た向こう見ずの航海者たちを尖兵《せんぺい》として、列強は直接インドへ到達する方法を模索したのである。

すべての料理はカレーになる

カレーに必要なスパイスは、すべてインドに揃っていた。ただひとつ、トウガラシだけを除いては……。

インド人が食べている料理をなんでもカレーと呼んでしまうのは乱暴な断定には違いな

いが、インドの料理のほとんどには複数のスパイスが組み合わされて使われており、それを見た、あるいは食べたインド人以外の人びとが、「きわめてスパイシーな料理」という意味でそれらを「カレー」と呼んでしまうのは、至極当然のことでもある。

だから、ここでは厳密な意味でインド人自身がカレーあるいはカリーと呼ぶ料理だけでなく、多様なスパイスを大量に用いたインドの一般的な料理をかなりの程度包括する広い意味で「カレー」という言葉を使用することにするけれども、そのカレーが十五世紀まではまったく辛くなかった、というのもまた、私たちの感覚からすると不思議なことではないだろうか。

カレーを食べたときに私たちが感じるピリピリとした辛味は、トウガラシに由来するものである。たしかにショウガにも刺激的な辛味があるし、コショウの刺激を辛味に感じることもあるかもしれないが、トウガラシがなければストレートな辛味は生まれない。もちろんトウガラシの入らないレシピもあるからすべてのカレーが辛いわけではないが、辛いカレーにはかならずトウガラシが入っている。

だいぶ前のことになるが、私はある新聞の家庭欄の記事で、一回で三種類の鍋が楽しめる、三段鍋、という料理を紹介したことがある。なにか面白い鍋のアイデアはありませんかといわれて、そのとき考え出したのは次のようなものだった。

まず、土鍋に昆布ダシを張り、豆腐と、ネギや白菜などの野菜、椎茸、好みの魚介などで寄せ鍋をつくる。つけダレはポン酢。スタンダードな和風である。

食べ終わったら、残っている具を全部すくい出し、鶏肉を入れる。野菜もあらたにキャベツ、タマネギなどを加え、そこへ牛乳をたっぷり注ぐ。好みでバターを加えてもよい。アクを取りながら少し煮込めば、洋風チキン鍋の完成だ。食べているうちに、だんだんクリームシチューのようになってくる。

で、最後に、その鍋にスパイスを加える。個別のスパイスの粉末がなければ、市販のカレー粉で十分だ。もちろん、好みのメーカーのルーを溶かし込んでもよい。酸味が足りないと思ったら、トマトを潰して加えればいいだろう。

和風の寄せ鍋から洋風のミルク鍋へ、そして最後はカレー鍋。家庭で手軽に三種類の味が楽しめる三段鍋……というのが私のアイデアで、実際につくって撮影し、写真を新聞に載せたのだが、なんの反響もなかった。もう三十年くらい前の話で、まさか本当にカレー鍋やトマト鍋が食べられるような時代が来るとは思ってもいなかった。

要するに、どんな料理でも、カレー粉すなわち複数のスパイス粉末の混合物を加えれば、その料理はカレーになる、ということである。シチューであれ、スープであれ、炒めものであれ、いやステーキだって、五種類、十種類、十五種類……と粉末にしたスパイスを次々に加えてまぶしていけば、最後はどこから見てもカレーまたはドライカレーの状態になるだろう。食べてみれば、どれもカレーの味がするはずだ。

そして、いったんカレーになったものは、二度と元の状態に戻すことができない。その意味で、カレーあるいはインド料理は、すべてのスパイスを足し算したときの究極の姿なのである。

だからインドはトウガラシに出会ったとき、躊躇《ちゅうちょ》なくこれを受け容れた。コショウのかわりに、ではなく、コショウに加えて、トウガラシというスパイスをもうひとつ、自分たちの料理に取り込んだのである。

ピーマンとパプリカ

トウガラシは、現在のメキシコを中心とした中央アメリカの原産とされるが、これもまた、紀元前五〇〇〇年にはすでに野菜として栽培されていたといわれる古い植物である。

コロンブスが西インド諸島に到達したときに現地で見たのは、小さな丸いかたちのカスカベルという緑色のトウガラシで、そのために彼はそれをコショウと思い込んだのだ、という説があるけれども、カスカベルは(私も栽培したことがあるが)、いくら現在の品種より小さかったとしても、コショウの粒ほどに小さいとは考え難い。

彼は、航海者としての経験から、乾燥したコショウの粒だけでなく、細い枝の先にブドウの房のように連なったコショウの果実の全体の姿も、おそらく知っていたはずである。だからトウガラシを見たときは、ちょっとヘンだな、と思ったに違いないが、とにかく自分ではインドに上陸したつもりでいたのだし、そこにコショウがあるのは当然だと考えていたから、これもコショウの一種だろう、と考えたのではないだろうか。

しかし、較べてみれば、トウガラシとコショウの違いは歴然としていた。刺激が強い点は共通しているが、トウガラシのストレートな辛さはコショウにはないものだ。

そこでスペイン人は、コショウを意味する「ピメンタ」という語に対して、トウガラシを「ピメント」と呼ぶことにした。ピメンタは女性形で、ピメントは男性形。同じような刺激的なスパイスだから共通の名前(同じ名詞)を与えるが、前から知っていたコショウがたまたま女性形の名詞だったことから、新しく登場したより強く荒々しいトウガラシを彼女の逞《たくま》しいパートナーとして認知したのだった。

ピーマンというのは、このピメントから来た言葉である。スペイン語のピメントをフランス式に読むと、語末の子音を発音しないため、ピマン、またはピーマン、となる。日本語では、この発音が採用された。

ピーマンというと私たちは、辛くないのが当然と考えるが、実は辛いのも辛くないのもすべてがトウガラシの仲間であって、辛くないピーマンと辛いトウガラシがある、と考えるのではなく、トウガラシには辛いのと辛くないのがある、と考えるのが正しい。

英語では、コショウをペッパーと呼び、トウガラシもペッパーと呼んだ。区別するときは、ホットペッパー、つまり「辛いコショウ」がトウガラシだ。

英語では「辛い」と「熱い」をともに「ホット」と呼んで区別しない（できない）のも、もともとトウガラシのようにとんでもなく辛い食べものを知らなかったからだ。最近はトウガラシを多用する料理が増えてきたので、ピリピリする辛味をあらわすときは、ホット hot ではなく、パンジェント pungent という形容詞を使うようになった。

もっとも、それをいえば日本語だって、塩のために辛いのも、トウガラシのために辛いのも、同じ「辛い」という言葉でしか表現できないのだから威張ることはできない。塩辛い（しょっぱい）、といういいかたはあるけれども、トウガラシの辛さだけを単独であらわす言葉はない。つまり原産地であるアメリカ大陸中部地域以外では、世界中のどの国でもトウガラシのような「辛い」食べものをそれまで知らなかったので、その辛さをどうやって表現したらよいかわからなかったのである。

なお、原産地ではトウガラシをアヒ、またはチリ、と呼ぶことから、英語でもチリまたはチリペッパーと呼ぶことがあるが、このチリは国名のチリとはまったく関係がない。

日本語のピーマンがフランス語の発音を借りたのは、フランスのピーマン（トウガラシ）がまったく辛くなかったからだろう。

ヨーロッパでは、辛いトウガラシは受け容れられなかった。辛過ぎて、食べられなかったからである。

イタリアやスペインあるいは南フランスなど、地中海沿岸の地域では辛いトウガラシを料理に使うことがあるが、韓国料理やタイ料理やインド料理のような、本当に辛い料理は存在しない。そして北上してヨーロッパの中心部に近づけば近づくほど、トウガラシの影は薄くなっていく。

そのわずかな例外といえば、東欧だろうか。私はルーマニアの山間部にある食堂で、朝早くから小さな青いトウガラシを生のままかじりながら熱いスープを飲んでいる人たちを見て真似をしたことがあるが、あのトウガラシは強烈に辛かった。が、ルーマニアの料理に辛いトウガラシがよく使われているというわけではなかった。

ハンガリーは、料理に大量のトウガラシを使うヨーロッパ唯一の国といっていい。

ハンガリーの国民食であるグヤーシュ（ハンガリアン・グーラッシュ）は、牛肉とタマネギ、ジャガイモ、ニンジンなどの野菜を煮込んだシチューのようなスープのようなものだが、大量のパプリカ粉末を加えるので、赤いトウガラシの色をしている。だから見た目はいかにも辛そうだが、食べてみると辛味はほとんど感じない。

パプリカという名前は、ギリシャ語のペペリまたはピペリ（ペッパーと同根）が、バルカン半島に伝わるうちにピペルケ、ペペルケ、パパルカ……と変化し、最終的にパプリカに落ち着いたということだが、トルコから伝わった当初のパプリカは辛味の強い品種だった。それでもコショウよりはるかに安く、しかも少量でスパイス効果が得られるため牛肉の料理にはぴったりだったので、最初のうちは辛さを我慢して食べていた。

トウガラシのカプサイシンという辛味成分は、種がついている隔壁のところから分泌されるので、ハンガリーの人たちは収穫のときにその隔壁部分を丹念に取り除いてから使ったという。が、その後、なんとか辛味を減らそうとする努力が続けられ、しだいに香りがよくて辛味がマイルドな、いまのような品種へと改良が進んでいった。

この国のトウガラシはスペイン人やポルトガル人によって新大陸から直接もたらされたものではなく、オスマン帝国がインドにあったポルトガルの植民地を侵略したときにトルコ人が手に入れ、彼らがハンガリーを占領した十六世紀以降にこの地に伝えたのだが、ハンガリーが長い時間をかけて結局のところ受容したのは、辛いトウガラシではなくて辛くないパプリカだった、ということである。

薬屋で買うフランスのカレー

フランスにも、カレーと名のつく料理はある。
プーレ・オ・キュリー poulet au curry……訳せば「鶏のカレーソース」ということになるが、ソテーした鶏の骨付きモモ肉に、黄色いカレーソースをかけ、白いライスを添えた一品である。フランスではかなり日常的な料理のひとつで、安い食堂などでもしばしばお目にかかる。しかし、いうまでもないが、これもほとんど辛くない。

この料理は、あきらかにインドのカレーを模したものだ。しかも、つけあわせはかならずライスと決まっているから、カレーライスのフランス版ともいえる。

私は、この料理のルーツを探ろうと思って、ブルターニュ半島にあるロリアンという港町に行ったことがある。

ある本で、ロリアンでは薬局でカレー粉を買う、と書いてあるのを読んだからだ。

ロリアンは、一六二八年に、東方貿易の拠点として建設された港である。フランス語では l'orient、英語にすれば the orient……オリエント(東方、東洋)に定冠詞をつけたのが港の名前だから、東方港、とでも訳せば感じが出るだろうか。

新大陸の発見以来、スパイスや砂糖やその他のあらゆる権益を求めて、ヨーロッパのおもな国はこぞって東方へ艦隊を送り込んでいた。フランスも東方貿易の主導権争いに参加すべく、大西洋に面した港に艦隊の拠点を置こうとしたが、大陸の大西洋沿岸はすでにイギリス海軍による監視下に置かれていて、艦隊の動静は逐一把握され、出動しようとすればすぐに妨害された。

そのためフランスは、ブルターニュ半島の大西洋と反対側にある古い港の近くに、当時の最新技術を注ぎ込んで、新しい「東方港」をつくったのである。そこを出航してすぐに南下すれば、イギリス海軍の目は届かない。

以来、ロリアンを拠点にフランスは東方貿易を活発化させ、一六六四年にはフランス東インド会社を設立、ルイ十四世の勅命によりロリアンに造船所が建設された。

だから、インドからの積荷は、ロリアン港に降ろされた。

コショウや、クローブや、カルダモンも、まずロリアンに上陸した。

ロリアンの町の薬局では、それらのスパイスをミックスしたもの……つまりカレー粉を売っていた、というのはそういう事情からだが、本当にそうだったのか、そのスパイスを買って料理に使うことがあったのか、調べてみようと思って私は出かけたのだった。

しかし、あたりまえのことだが、いまから三百年も前のことを知っている人などいるわけがない。何代か続いている古い薬局にも聞いてみたが、さあ、歴史から考えればそんなことがあったのかもしれないけど、うちでスパイスを売っていたという話は、おじいちゃんからも聞いたことはないね、といわれて、調査はあっけなく終ったのだった。

それらのスパイス類は、とくにはじめの頃は食品というより医薬品として扱われることが多かったから、薬局で売られていたことはあったかもしれない。が、だとすれば余計に料理に使うケースは少なかっただろうし、いろいろな資料にあたってみても、プーレ・オ・キュリーがロリアンで発祥したという証拠はどこにもなかった。ただ、わかっていることは、フランスでも辛いトウガラシは受け容れられなかった、ということだけである。

トウガラシの真実

トウガラシは、これまでに五十種類近くを栽培した経験がある。

きっかけは、アメリカに旅行して、ニューメキシコ州のサンタフェの近くにあるタオスという先住民の居留地を訪ねたときだった。そこの市場で、何十種類というトウガラシの種を売っており、どれも見たことがないものばかりだったので、興奮して買い求めた。それまで、トウガラシにそれほど多くの種類があることすら知らなかったからである。ちょうど私たちがいまの土地に引っ越して畑をはじめた時期でもあったので、買った種を早速播いてみたのが、トウガラシ栽培の事始めだった。

ハバネロ、カイエンヌ、アナハイム、ポブラノ、セラノ、テピン、フレズノ、ファステコ、ハラペーニョ……コロンブスが最初に見たというカスカベルもあった。アメリカ合衆国の最南部、メキシコに隣接するニューメキシコ州は、千年以上も前から先住民たちがトウガラシを栽培してきた地域で、いまでもアメリカ最大の産地であり、伝統的な郷土料理にもふんだんにトウガラシが使われている。

私たちはこの旅行でサンタフェの周辺をかなりドライブしたが、どこの町でも村でもトウガラシを売っており、白い壁に真っ赤なトウガラシがカーテンのようにかけてある光景が印象的だった。

トウガラシには百五十種類ないし二百種類の品種があるとされ、いまなお中央アメリカの奥地には未知の品種があるのではないかといわれている。私たちはこの旅行をきっかけに、アメリカに住む友人に頼んで手に入る限りの種を探し、さまざまな品種の栽培を試みた。赤いの、黄色いの、茶色いの、黒いの、白いの、丸いの、長いの、大きいの、小さいの……トウガラシがこんなに多種多様だとは。辛さもピンからキリまであり、一口嚙んだだけで口唇の感覚が麻痺するような激しいものもある。

フレッシュなトウガラシが、辛さだけでなく、豊かな香りや微妙な味をもっていることも、実際に栽培するようになってから知った。極端に辛いことで知られるハバネロも、完熟した果肉にはトロピカルフルーツのような甘い香りがある。が、その香りを舌先でたしかめた瞬間、たちまち襲ってくる激しい辛さにすべての感覚が失われる。

カプサイシンというトウガラシの辛味成分は、果実の中央下部から伸びている隔壁部分から分泌されるので、隔壁と接してついている種にも辛味成分が移っている。

小さなトウガラシの場合は、果実内の空間のほぼいっぱいに隔壁と種が接しているから、どこを食べても辛い。が、大きいサイズのトウガラシは先端のほうの半分以上が空洞で、隔壁と種は下半分にあるので、先のほうだけ食べればほとんど辛くないことが多い。トウガラシの辛さは、個体差が大きい。もちろん品種によって固有の辛さがあるが、同じ品種の中でも個体差がかなりある。同じ品種でも、乾燥した、ストレスのない場所で育てたほうが辛くなるといわれている。

ある研究書によれば、辛味成分が生成を開始するのは結実から十一日目以降で、四週間後に検知できるレベルにまで到達するという。熟す直前がもっとも辛く、完熟期にはやや落ちる。ただし落ちるといってもごくわずかで、完熟すると果肉自体の甘味が増すのも、辛さが落ちると感じる一因かもしれない。どの品種も最初は緑色で、熟すに従って赤や黄や黒に色変わりしていくのだが、色そのものは辛さとは関係ないと見られている。

辛くない品種でも、ときどき辛くなることがある。逆に、辛い品種にも、ときどき辛くないのが混じっている。異なる品種を近くに植えておくと勝手に交雑するからだともいうが、交雑というより眠っていた遺伝子が発現すると考えたほうがよいという人もいる。

トウガラシについては、まだまだわからないことが多いようだ。

ただ、カプサイシンは無味無臭であること、また、水に溶けないので辛いからといってたくさん水を飲んでも効果がないことは、わかっている。

一般には、辛味を鎮めるにはカゼインが有効なのでミルクかヨーグルトを飲むとよいといわれるが、タイ人に聞いたら、辛いときは砂糖をなめるといっていた。ひょっとすると冗談かもしれないのであまり信用しないほうがいいが、要するに辛くなったら口を開けてよだれを垂らしながらひたすら時間の経過を待つ以外、対処法はないと考えたほうがよさそうだ。

沖縄でコンブをたくさん食べる理由

トウガラシの栽培は、どちらかといえば簡単である。

私の畑が標高の高い比較的乾燥した場所にあるからかもしれないが、虫もつかないし病気にもかからないので、放っておいても無農薬で栽培できる。

それに、トマトやズッキーニのように収穫のタイミングを逸すると割れたり大きくなり過ぎたりする心配がなく、長いこと採り忘れていても同じように実は茎についている。緑色のうちに採ればそれでもよいし、赤や黄色になってから採ってもよい。色変わりの途中で採ったら、そのまま日陰に置いておけば追熟して均一な色になってくれる。怠け者の農民にはうってつけだ。

果肉の厚い品種は乾燥に適さないが、薄いものは干しておけばそのままドライチリとして保存できる。きれいなかたちに干せれば飾り用のオーナメントチリとして売ることもでき、干しているうちに壊れたら、こまかく砕いて調理用のスパイスにすればよい。どう転んでも農家としては商売になる、ありがたい野菜なのである。

野菜、といったが、トウガラシは野菜である。コショウはスパイスとしてしか用いることがなく、フレッシュな実をそのままかじったり大量に煮たり焼いたりすることはないが、トウガラシはどんなに辛い品種でも料理に使うからだ。

ペルーで、知人の家に招《よ》ばれて食事をご馳走になったとき、単なるピーマンの肉詰めだろうと思って何気なく食べたら、あまりにも辛いので吃驚したことがある。

それはロコトという、深い緑色から完熟すると濃い赤になるトウガラシで、種が真っ黒でゴマのように見えるのが特徴だが、全体の形状は、いわゆるピーマンそのものといっていい。だからだまされたのだが、知人は別に私をだますつもりでその料理を出したわけではない。ペルーでは、ジューシーな厚い果肉をもつロコトは肉詰め用のトウガラシとして売られているのである。

もちろん世界にはもっと辛いトウガラシ料理がたくさんあるが、予想していないときに辛さが来ると驚くものである。しかも、ごくふつうのピーマンの肉詰めにしか見えない料理を、ごくふつうのピーマンの肉詰めを食べるように、誰もが淡々と辛い素振りも見せずに食べているので、私はまったく警戒心をもたずに食事をはじめたのだった。

中南米には、こんなふうに平気で辛いトウガラシの料理を食べる人がいる。そういう人たちは、インドにもいるし、タイにもいるし、アフリカにもいるし、韓国にもいる。彼らにとっては、トウガラシは単なる野菜である。

しかし、ヨーロッパの人たちには、トウガラシは辛過ぎた。一部の地域では辛味の少ないトウガラシを受け容れたが、大半の人たちはいまでも辛い料理が食べられない。

気候的に寒くてトウガラシの栽培に適していなかったことも需要が伸びなかった一因かもしれないが、トウガラシ以上に栽培が不可能なコショウにあれほど夢中になったのだから、つくることはできなくても、もっと食べたいという欲求が生まれたとしても不思議ではないはずだ。

ある地域の食文化が、どの程度トウガラシを受け容れるかについては、あまり論理的に推し量ることができないようである。

コロンブスがアメリカから持ち帰ったトウガラシは一四九三年にスペインに紹介され、その後、十六世紀のなかば頃までにヨーロッパ各国に伝えられた。アジアへは、スペインやポルトガルの船が運び、日本には一五四二年、ポルトガル人によってタバコとともに伝えられたとされている。インドにも、また朝鮮半島にも、ほぼ同時期に伝わった。

しかし、最初はどの国もわずかな量のトウガラシだけを受け取ったはずなのに、その後の食べかたに驚くほどの差ができたのはなぜだろうか。

インドや韓国などのトウガラシ愛好国と比較したら、ほぼ同時期に伝わったにしては、長いあいだ七味唐辛子くらいしか利用しなかった日本人の食べかたはあまりにも少ないではないか。

韓国でなぜトウガラシが熱狂的に受け容れられたかについては、さまざまな説明が試みられている。

いわく、寒い気候のために栽培できる野菜が限られていたので、トウガラシが効果的なビタミンCの供給源として歓迎された。

あるいは、もともと朝鮮半島には牛肉を食べる文化があり、肉の保存や匂い消しのために山椒を多用していたので、その山椒よりさらに強い刺激と特徴的な風味をもつトウガラシがよろこんで受け容れられた。

ビタミンC補給説については、白菜とともにキムチをつくるようになってからはたしかにそういえるかもしれないが、トウガラシだけで不足を補うのは、いくらなんでも無理だろう。また、山椒「受け皿」説にはそれなりの説得力があるけれども、なぜ長いあいだ食べ慣れていた山椒から簡単にトウガラシへとシフトしたのかについては、やや説明が不足している。

トウガラシは、最初は辛過ぎて食べられなくても、食べているうちに辛さに慣れるということがたしかにある。あるいは、食べはじめるとどんどん辛さに強くなっていき、そのうち中毒のようになる……ということも経験的に理解することができる。が、その最初のバリアを越えて、トウガラシ愛好家への道を歩むかどうか、ジャンプしてバリアを飛び越える瞬間の、モチベーションがわからないのである。

これもだいぶ前の話だが、金沢市で「コンブのシンポジウム」というのに出たことがある。コンブを通して日本海の食文化を考えるという企画で、私はパネラーとして参加したのだが、基調講演には専門家が招かれ、大学でコンブの研究をしている先生が、専門的な見地からコンブの生態とその食文化に果たした役割について講演した。

基調講演のあと、私を含めた数人のパネラーとともに、その先生も参加してシンポジウムがおこなわれた。

ディスカッションは滞りなく終り、最後に聴衆からの質問に応じることになった。こういうとき、最初は誰も手を挙げないものだが、司会者に促されて、ややあってから二人が手を挙げた。最初の人の質問は、

「コンブとワカメは、どう違うのですか」

というものだった。講演の中で、海藻の生態について説明したからである。質問を受けた先生は、しばらくのあいだ黙ってじっと考え込んでいたが、聴衆がそろそろ待ちきれなくなる頃、意を決したように発言した。

「店でコンブといって売っているものはコンブ、ワカメといって売っているものはワカメです!」

会場はドッと沸いたが、すぐに静まって聴衆は納得したようだった。

専門的に突き詰めて考えると、海藻の分類というのは難しいものらしい。コンブとワカメの生物学的な境目はかなり微妙なようで、それを詳しく説明しても、時間がかかるだけで一般の聴衆には理解できない。だからわれわれ一般人のレベルでは、店でコンブといっ

て売っているものはコンブ、ワカメといって売っているものはワカメ、と理解すればそれでよろしい、というのが、考えた末の先生の結論だったのである。

次に、二番目に手を挙げた人が質問に立った。

「沖縄の人は、なぜそんなにコンブを食べるのですか」

シンポジウムでは、北海道のコンブが北前船《きたまえぶね》によって日本海の港に運ばれ、そこから陸路関西を経由して、富山の薬売りなどの手によって沖縄まで持ち込まれた歴史が語られ、いまでもコンブの消費量は沖縄が日本一であることが話題になったので、それに関する質問だった。

この質問を受けて、また先生が考え込んだ。

沖縄では豚肉をよく食べるので、コンブは栄養のバランスを取るために必要だった、などという、通りいっぺんの答えをするつもりはないようで、先生は前の質問のときよりも長い時間、沈黙していた。

聴衆は、前の質問のときの先生の、真摯《しんし》であると同時にある意味では滑稽な、いかにも誠実な学者らしい解答を聞いていたので、また固唾《かたず》を呑んで待っていた。

すると先生は、やおら昂然《こうぜん》と顔を上げて、こう、言い放った。

「それは、沖縄の人は、コンブが……好きだからです！」

聴衆は、こんどは一瞬シーンと静まり返り、そのあとで、津波のような拍手が起った。そうなのだ。その通りだ。そうとしか、いいようがないのである。

韓国ではあんなにたくさん食べるのに、日本では最近までほとんど食べなかった。タイではあんなに辛い料理を平気で食べるのに、ベトナムでは調味料に加えるくらいしか使わない。

スペインでは食べることは食べるが、すぐ向かいの北アフリカ諸国のように、辛いペーストをふんだんに使うことはない……。

どの瞬間に、いかなるモチベーションによって、最初のバリアを越えたのか。その国がトウガラシ愛好国になるかどうかの境目は誰にもわからないのだから、考えれば考えるほど、好きだから、としかいいようがないのである。

ダンディーなカメムシ

私の農園では、フェンネルも育てている。

フェンネルは、その細い葉をハーブとして利用し、太った塊茎はサラダや煮込み料理にして食べるが、独特のクセのある匂いが魅力でもあり、またそのために嫌う人もいるという、個性的な野菜である。

毎年フェンネルを見て不思議に思うのは、この野菜にだけ、ほかでは見ることのない種類のカメムシがたかることだ。

フェンネルにつくカメムシは、その亀甲形の背中の模様が、茶と黒の細い縦縞になっている。私は見るたびにその美しさに感心し、こんな洒落たストライプの生地があったらぜひシャツをつくりたいものだと思う、そんな素敵な模様のカメムシが、フェンネルの葉や茎のいたるところに、こぼれ落ちそうなほどたくさんたかっているのである。それなのに、あたりを見まわしても、ほかのどの植物にも同じ柄のカメムシは見当たらない。

私は夏が来てフェンネルにつくダンディーなカメムシを見るたびに、蓼《たで》食う虫も好き好き、という言葉を思い出す。この種類のカメムシがフェンネルだけに集まるのは、フェンネルが好きだから、としかいいようがないだろう。

私が栽培した経験だけでいえば、トウガラシにつく虫は見たことがない。もっと標高の低い、湿度の高い地域ではトウガラシを消毒する人もいるようで、野菜の育てかたの参考書を見ると、モザイク病や青枯病などの病気のほか、アブラムシ、ヨトウムシ、タバコガなどの害虫による被害が見られると書いてある。

もちろん品種によるけれども、辛いトウガラシの辛さは半端ではない。しかし、いくら果実が辛くても、茎や葉に虫がついてはしかたがない。そもそも、果実がそんなに辛いことに、なにかメリットはあるのだろうか。

人間以外の動物で、唯一トウガラシを食べるのは鳥だけだといわれている。ほかの動物は、辛いから食べない。鳥にはカプサイシンの受容器官がないので、辛いと感じないのだそうである。だから鳥たちは平気でトウガラシを食べ、種を遠くへ運んでくれるわけで、その意味では植物としての所期の目的は達成しているのだが、その目的の遂行とも関係がなく、また虫害の予防にも役立っていないなら、トウガラシが辛いことにはなんの意味があるというのだろう。

私はそのことを長いあいだ疑問に思っていたのだが、コンブのシンポジウムでその道の専門家による熟慮の末の判断を聞いてから、ある種の悟りに達することができた。

トウガラシが辛いのは、結局のところ、トウガラシの自己満足でしかないのだと。

第4章　ナスは貧乏人が食べる

国境のヒッチハイク

レバノンからイスラエルへと向かうヒッチハイクは、途中で軍隊の検問に遭ってあえなく中断した。ベイルートを出るときにはそれなりにあった交通量が、国境に向かって南下するにつれてしだいに減り、最後のほうは路線バスに乗って移動するしか手段はなくなっていたのだが、そのバスも検問所で止められ、これ以上国境に近づくならパスポートを取り上げるといわれて、迷った末、いったん係官に預けたパスポートを受け取って引き返した。いくら近づいても国境を越えてイスラエルに入ることが不可能であることは最初からわかっていた。

翌日、方向を変え、ベイルートの東郊にある山を越えてシリアに行くことにした。またヒッチハイクを試みたが、やはり拾ってくれるクルマはなく、結局は路線バスで首都のダマスクスにまでたどりついた。

ダマスクスには、パリの学生寮で知り合った友人が住んでいた。サイードというその男の住所はしっかり控えてあったので、なんとか彼の住む家を見つけることができた。

突然の訪問を、サイードはよろこんで迎えてくれた。アラブ人はホスピタリティーに富んだ人懐こい連中で、とりわけ遠来の友人は手厚く歓迎する。

私はサイードといっしょにまず近くのハンマム（浴場）へ行って蒸し風呂を楽しみ、垢すりとマッサージをたっぷりやってもらってから家に戻ると、すでに家族や親戚や友人が何人も集まっていて、盛大な宴の準備がはじまっていた。そのとき、まずはこれからはじめようと、サイードがつくってくれたのがナスのキャビアだった。

庭にテーブルが出され、そのわきに炭火がおこされていた。

サイードは、炭火の上に鉄網を置き、家の中からナスを持ってきて、その上に数本、載せた。

で、ときどき転がしながら、皮が真っ黒になるまで焼く。

日本の焼きナスと、まったく同じつくりかただ。黒く焦げた皮を手で剝いて、ヘタを切り落とし、焼きナスをつくる。

そのまま皿に盛って、ショウガでも添えて醬油をかければ日本料理だが、ここからが少し違う。

サイードは、大きな陶器のボウルを持ってきて、その中に焼けたナスを入れた。

それから彼はニンニクをこまかく刻んでボウルに加え、大きな瓶からヨーグルトをたっぷり注いだかと思うと、最後に濃厚なオリーブオイルを、かなりの量、ドボドボとそこへ垂らし込んだ。

あとは、全体をよくかき混ぜながら、塩と白胡椒で調味するだけである。できあがると彼はボウルのままテーブルの真ん中に置き、さあ、はじめよう、といって、みんなに席につくよう促した。

貧乏人のキャビア

レバノンでもシリアでも、フルコースの食事はまずテーブルの上に所狭しと並ぶ小さな前菜の皿からスタートする。

数え切れないほどの小皿に、ゴマやヨーグルトやオリーブオイルで和えたり香りをつけたりした、さまざまな野菜を中心とした冷製オードブルが載っている。それに平焼きのナンや食感の異なるせんべいのように薄い二度焼きパンが添えられているから、好きなものを載せたり塗ったりして食べながら、ゆっくり時間をかけて長い食事のはじまりを楽しむのだ。これが、メゼあるいはメッツェなどと呼ばれる、トルコからアラブ、ユダヤの諸民族を含めて広く中東の一帯に共通する、小皿前菜の食文化である。

レバノンに滞在していた数日間、私は小さなホテルの海の見えるテラスで、夕方になると毎日メッツェを楽しんだ。乾いた昼のじりじりとした熱気がようやくおさまり、地中海を涼しい風が吹きぬけてあたり一面がセルリアンブルーの影に覆われはじめる頃、ひとりメッツェの食卓を前にしてよく冷えた白ワインを飲むのは無上の愉楽だった。

このときの旅はもう四十年も前のことで、ベイルートがその輝きの絶頂にあった時代である。当時レバノンはアラブ諸国の中でもっとも世界に開かれていた国で、首都ベイルートでは西欧スタイルの自由な衣裳をまとった美しい女性たちが街を行き交い、海岸通りの高級ホテルは外国からのリゾート客で溢れていた。

あれから、たび重なる中東戦争はすべてを破壊した。ベイルートは、一時は完全に崩壊したと伝えられた。いまはまた復興しているにしても、あの頃のような開放的な雰囲気はもう望めないかもしれない。

サイードの食卓にワインがあったかどうかは、覚えていない。

イスラム教を信奉するアラブの国にも、ワインづくりの伝統はある。エジプトでは古くからつくっているし、レバノンには上質なワインで知られる有名なワイナリーがある。ユダヤ教のイスラエルにもワインメーカーが何社もあり、中東の地中海沿岸はワインを楽しむのによい場所なのだが、原理主義的な主張が復古してくると、以前のようにおおっぴらにワインを飲むわけにはいかないかもしれない。しかし、あのメッツェの魅惑的な小皿を前にして、ワインなしでどうやって食事をしろというのだろう。

サイードはパリに留学していたのだから、もし私が訪ねてくることを知っていたらワインを用意していたはずだが、突然の訪問で間に合わなかったとも考えられる。が、それよりも、私にとっては彼の焼きナスの印象があまりにも強烈だったので、ワインに関してはまったく記憶がない、というのが本当のところだ。

庭に持ち出された大きなテーブルの上には、急に用意したとは思えないほどたくさんの小皿が並んでいたが、なかでも圧巻の美味はつくりたてのナスのキャビアだった。ボウルから好きなだけ取って薄いパンに載せて食べるのだが、香ばしいナスの風味に素朴なヨーグルトと野生的なオリーブオイルが絡み合い、ニンニクのアクセントもほどよくきいて、なるほどナスにはこんな食べかたもあるのかと、目を開かれた思いだった。

焼きナスを潰してオリーブオイルとヨーグルトやレモン汁で和えたナスのペーストは、中東諸国ではもっともポピュラーな料理のひとつである。

ナスは焼くだけでなく、刻んだタマネギといっしょに鍋で煮てから潰す場合もあるし、タヒニという白胡麻のペーストを加えたり、ヤギの白いチーズと合わせたり、パセリやオリーブの実で彩りを添えるなどさまざまなレシピがあるけれども、どんなつくりかたであれ、トルコからレバノン、シリアにいたる世界一のナス好き諸国では、前菜の小皿にナスのペーストがないことはあり得ない。

このナスのペーストのことを、貧乏人のキャビア、と呼んだのは誰だろう。キャビアというのはもちろんあのチョウザメの卵のことで、世界最高の美味として高価を誇るものだ。色は違うが、たしかに舌の上でとろける食感は似ていないこともない。

もちろん色だけでなく値段もひどく違うわけだが、ナスのキャビア、という名前でならトルコ人やアラブ人の書いた料理本にも載っている。が、欧米のレシピブックにはしばしば、貧乏人のキャビア、と書かれているのだ。

ナスのキャビア、と呼ぶのは、ナスのペーストはキャビアのようにおいしい、という意味であり、貧乏だからキャビアのかわりにナスを食べる、というわけではない。

いや、ときにはそういうこともあるかもしれないけれども、だいたい中東諸国の人びとの多くは、ナスにはちょっとうるさいが、キャビアなど端《はな》から知らないか、知っていてもそれほど食べたいとは思わないのではないだろうか。

「プアマンズ・キャビア……ナスを好む人びとを「プアマン（貧乏人）」と決めつけたのは、偏見に満ちていると同時に秀逸なジョークを飛ばすことにかけては人後に落ちない、イギリス人ではないかと私は睨《にら》んでいる。それがアラビアのローレンスだったら面白いのになあ、と私はひそかに思っているのだが、誰がいい出したかについては確たる資料がないので、犯人、いや名づけ親を特定することはまだできていない。

ところが、このあいだトルコ人が書いたトルコ料理の本を読んでいたら、「貧乏人の肉」という表現に出会った。

トルコは、ナス料理なら少なくとも四十種類以上、人によっては二百種類のレシピがあると豪語する、みずから世界一のナス好きを任ずる国だが、そのトルコでも、ナスのことを「貧乏人の肉」と呼ぶことがあるらしい。

たしかに、地中海の沿岸地域ではナスがふんだんに実るから、これほど安い野菜もないかもしれない。そして、おいしい油をしっかり吸ったナスの味は、どんな肉にも負けないほどの美味である。

タマゴの生る木

ナスの原産地はインド北部というのが定説で、中国でも紀元前五〇〇年くらいから栽培されていた。インドから中国とアジアへ、そしてペルシャ、北アフリカへと伝わったナスの栽培は、九世紀にはイベリア半島に達し、アンダルシアからカタロニアへと北上していった。十三世紀の頃までには、北アフリカからスペインにかけての広汎な地域で、コメやホウレンソウと並んでナスがさかんに栽培されていたという。

ナスはインドの古語サンスクリットでは「ヴァタン・ガナ」といい、それがペルシャに伝わって「バディン・ガン」となった。「バディン・ガン」はアラブに入って「アルバディンガン」となり、スペインのカタロニア地方に伝わってからはカタラン語で「アルベルジニア」と呼ばれるようになった。その「アルベルジニア」が、フランス語の「オーベルジーヌ」になったのである……。

と、インドからヨーロッパへのナスの伝播経路は語源をたどることで判明する、といわれているのだが、地中海沿岸で広く栽培されるようになったナスがフランスやイギリスに伝わるのは、ずっと遅れて十六世紀末から十七世紀にかけてのことである。

インド北部の高原地帯には、ナスの原種と目される植物が、灌木のように生えているという報告がある。その実は小さく、棘《とげ》が非常に鋭くて、味はきわめて苦いという。色は白で、完熟すると黄色くなるそうだ。

イギリスに伝わったナスも、白かったらしい。だから、最初に見た人は、これはタマゴの生《な》る木だ、といった。エッグプラント、という名はそのときに生まれた。

私の農園でも白いナスを栽培したことがあるが、本当にタマゴのような大きさとかたちの品種がある。市販のタマゴの容器に、緑色のヘタを見えないように下にして並べておくと、たいていの人が本物のタマゴと間違える。

イギリスの英語では、木がエッグプラントで、実はオーベルジーヌと呼ぶのが正しいとされるが、アメリカの英語では、木も実もひっくるめてエッグプラントと呼んでいる。英語のオーベルジーヌは、フランス語と同じ歴史的な語源を踏襲したものである。

サソリの棘からサルビアの甘い香りへ

ナスは、いまでこそ世界の多くの国で愛されている野菜だが、その評判を勝ち得るまでには長い時間がかかっている。

アラブの世界でも、九世紀頃までは、ナスは苦いといわれて嫌われていた。医者が、ナスを食べるとソバカスができるとか、咽喉炎になるとか、はたまたガンの原因になるとさえ警告したのも、食べると苦いのが理由だった。古い諺《ことわざ》には、「色はサソリの腹のよう、味はサソリの棘のよう」といういいかたもあったという。

切ったナスに、塩をふりかけてしばらく置くという、果肉に含まれる苦味を出す方法がはじめて知られたのが、九世紀のことだったのである。それによってはじめて、アラブ人たちはナスの風味と美味を知るようになった。

九世紀といえば、サラセン帝国の首都バグダッドで、アッバース朝が全盛を迎えていた頃である。アッバース朝は、紀元七五〇年から約五百年間にわたって続いた王朝だが、七八六年にハルーン・アル・ラシードがカリフに即位してからの数十年間が、もっとも帝国の勢いがよく、華麗な王朝文化が花開いた時期でもあった。

ナスに塩を振ってアクを抜く方法は、八一三年に即位したカリフのアル・マアムーンとブーラーン姫の婚礼の祝宴をととのえた料理人が考えたといわれている。

絶頂の期間は短く、八三六年くらいからトルコ系親衛隊の勢力が強まり、帝国の繁栄には早くも翳《かげ》りが見えはじめるのだが、マアムーンとブーラーン姫の一ヵ月近くも続いた婚礼の宴は、中世アラブ世界における最高の祝宴と称《たた》えられた、アッバース朝最後の輝きともいえるものだった。

九世紀のアッバース朝では、洗練された宮廷料理の数々が考え出され、アラビア料理文化がまさに爛熟期を迎えていた。

蜂蜜、白砂糖、香り酢、アーモンド、ピスタチオ、ローズウォーター……インドや中国から伝えられたさまざまなスパイスもふんだんに用いられ、ブドウやナツメヤシからつくられた甘いワインが食卓にのぼった。さまざまな形状のパスタも、イタリアに伝わる以前から食べられていた。

麝香《じゃこう》や琥珀《こはく》や香木で香り高くスモークした牛肉を羊尾の脂でじっくりと煮て、シナモンとガランガルで香りをつけたミルクで炊いたコメを添えたもの。

スパイスをきかせた魚料理に、蜂蜜と青ブドウの甘酸っぱいソースを添えて、ザクロの果実をつけあわせる。

仔牛の肝臓を茹でてから刻んだものと羊尾の脂をよく混ぜて、中が空洞になった骨の形状を模してつくった銅の筒の中に詰め、筒の穴をパンで塞《ふさ》いでから、沸騰しない程度の湯でじっくりと茹でる。茹で上がった筒の中身を抜いて皿の上に置くと、色もかたちも本物の骨の髄とそっくりに見える……。

そういう手の込んだ料理が並ぶ宴席には、揚げたり、焼いたり、詰め物をしたナスに、香り高いソースをかけた料理がいくつも添えられた。もちろんそのナスは、火を通す前に塩を当てて、丁寧にアクが抜かれていたことはいうまでもない。

この時代にはたくさんの料理書が書かれ、料理研究もさかんだった。カリフや王子の命令で各地から伝統的な料理法や祝宴の献立が蒐集《しゅうしゅう》され、系統的に整理された。その中で、ナスの料理法もさらに洗練され、充実していった。

かつて苦いと蔑《さげす》まれたナスは、この頃からアラブ世界では「野菜の女王」という称号を与えられ、「恋人たちがかわす接吻《くちづけ》のような甘いサルビアの香り……」と詩にうたわれる、当代でもっとも人気のある野菜となったのである。

饗宴で供される料理を、肉や魚を使わずに野菜だけでつくるレシピも研究され、豊かな家庭の病人や、貧しい家庭の健康な人びとに役立った。どうやら、ナスは貧乏人の肉、という認識も、その頃から生まれたもののようである。

セビリアの黒いナス

アッバース朝のカリフ、ハルーン・アル・ラシードに仕えていたズィリアーブというクルド人の宮廷音楽家が、八二〇年にバグダッドからチュニスを経てアンダルシアへ向かい、コルドバのアブドル・ラフマーン二世の王宮に身を寄せた。

アブドル・ラフマーン二世は、アッバース朝に滅ぼされたダマスクスのウマイヤ朝の後《こう》裔《えい》にあたる人物で、コルドバに逃れて「後ウマイヤ朝」を名乗っていた。

宮廷音楽家ズィリアーブは、たくさんの料理書と、袋いっぱいのシナモンをもってコルドバにやってきた。

彼はバグダッドでも最高の目利きと称えられた趣味人で、洗練された最先端の美意識をもっていた。その後、この王宮でときどきリュートを奏でながら彼は優雅な生活を送ることになるのだが、そのズィリアーブのライフスタイルが、爛熟したアッバース朝の食文化を王宮の料理人たちに伝えるとともに、小ぶりの低いテーブルに上質な革のクロスをかけた食卓の設《しつら》え、繊細な柄をほどこされた透明なガラスのコップ、たくさんの料理を種類もかまわずに並べる宴会料理から、ひとつひとつの皿をもっともおいしい状態で順番に出すコース料理へ……など、次々に斬新な改革をもたらしたのだった。

こうして、洗練された料理文化がアラブ世界からイベリア半島に持ち込まれると同時に、彼らが好むナスの美味もアンダルシアに伝えられた。

アンダルシアでナスの栽培が盛んになった頃、地中海の周辺には次のような品種があったという。

コルドバの、茶色の実に紫色の花が咲くナス。セビリアの、長くて細い黒紫色の実に紫色の花が咲くナス。エジプトの、白い実に青紫色の花が咲くナス。シリアの赤みがかった光沢のある紫色のナス……。

ナスの実の色とかたちは、驚くほどにさまざまである。

とくにその色は、白、緑、黄色、オレンジ、縞……とカラフルで、私はまだ黄色いのは栽培したことがないが、白と緑と縞のナスは毎年のように育てている。

日本では、なす紺、という言葉があるように、生の実のときは黒紫色で、漬物にすると鮮やかな濃紺になる品種が一般的に好まれるが、長さが三十センチ以上になる細くて緑色のタイのナスや、白と紫のランダムな縞模様のフランスのナスなど、変わった色やかたちのナスもなかなか面白い。白いナスは、眺めている分には楽しいが、火を通すとどうしても黒ずんだ色合いが出てきて、料理をするとあまりきれいでない。

フランス語でナスのことをオーベルジーヌということは話したが、ひと昔前まで、パリの交通取締りをする婦人警官が、オーベルジーヌという愛称（蔑称？）で呼ばれていた。彼女たちの制服の色が赤紫色だったので、ナスの色に似ているというわけだが、その後、制服の色が変わって若草色になったため、いまはペルヴァンシュ（ツルニチニチソウ）と呼ばれている。フランス人にとってナスという植物のイメージはあまりよくないので、そのために変更されたのではないかとも取沙汰されたが、フランス人が考えるナスの色は濃紺でも黒紫色でもなく、赤紫色であることがよくわかる。

ナスのヘタのところをよく見ると、棘のあるヘタに隠れている部分は色が白いことに気づく。尖《とが》ったヘタのかたちそのままに、日焼けしていない根元の部分が白くなっている。この、ヘタで覆われているところに、ナスの生長点があるのである。だから、ナスの実が形成されるかされないかというごく初期のうちに袋をかぶせて、そのまま日に当てずに育てれば、白いナスができる。

ナスの色素はナスニンという名のアントシアンの一種で、生長とともにアントシアンが形成されれば紫色に、アントシアンのかわりに葉緑素が形成されれば緑色に、アントシアンも葉緑素も形成されなければ白か黄色になる。

日本のナスは、奈良時代に中国から伝わって、正倉院にその献上資料があるというが、日本では漬物用の野菜として発達したので、果皮がやわらかく黒紫色で、光沢があるものが好まれる。白いナスも江戸時代から栽培されていたが、主流にはならなかった。長くて細い黒紫色の実に紫色の花が咲く日本のナスは、十五世紀のセビリアのナスの縁者なのかもしれない。

ナスを漬物にすると色が薄くなって赤紫色になるのは、糠《ぬか》の発酵で生まれた乳酸の影響であるという。古釘（鉄）や明礬《みょうばん》（アルミニウム）を加えると、金属がアントシアンと結合して安定するので、鮮やかな濃紫紺色の漬物ができる。ナスを塩でアク抜きする技法と同様、こういう知恵にもきっと最初の発明者がいるはずだ。

ナスの地政学

ナスは、九世紀にアラブ人の手でスペインに伝えられたあと、十一世紀からトルコがイランとイラクを占領したことから、ナスを好むアラブ人の嗜好は、トルコからギリシャ、さらにはバルカン半島を経て北イタリアにまで伝わっていった。

この伝播経路を見ると、ちょうど地中海を西と東から挟むようにじわじわと北上するかたちになっており、フランスやドイツ、イギリスなどに到達するまでには相当時間がかかりそうなことがよくわかる。

ナスは、その他の目新しい植物と同様、どこでもあまり歓迎されなかった。南のほうからやってきたというので、新大陸から来た怪しい植物と混同して、とりあえずは観賞用にしておこうと考えた人も多かった。

イタリアでも、当初、ナスには毒があるといって忌避された。しかし、ヴェネチアに住んでいたアルメニア人のキリスト教徒がナスを食べても病気にならないと言い出し、それから北イタリアで少しずつ食べられるようになったという。

ナス科の野菜は、ジャガイモにしてもトマトにしても、有害物質を含むと思われてどれも警戒された。たしかにソラニンなどの毒素をもつものもあり、それまで食べたことはもちろん見たこともない野菜に対して慎重になるのは理解できるが、とくにフランスやイギリスなど、北のほうへ行けば行くほど、ナスに対する偏見が強く見られるようである。

イギリスでは、ソドムのリンゴとか、狂人のリンゴなどという侮蔑的な別名を与えられたり、催眠性をもつとして、ナス科植物を nightshade（夜の影）と呼んだりした。

イギリスに伝わった白くて小さいナスにはとくにソラニンが多く含まれており、子供が食べると危険だという説明もされたようだが、本当かどうかはわからない。

フランスでも南のほうならアラブ人の住むスペインに近いからナスに理解があるはずなのに、南仏方言でもやはり「阿呆ナス」とか「呆けナス」とかいう仇名《あだな》をつけられるなど、立つ瀬がない。

ナスにはこれといったはっきりした味がないので、それでアホとかボケとかいわれるのかもしれないが、ヨーロッパの中心から北にかけての、自分たちがヨーロッパを形成しかつ支えているのだという強い自負をもった国々にとっては、南のほうの地中海あたりに住む連中は、粗野で、荒々しくて、田舎臭い、貧しい奴らだ……という偏見に満ちた思い込みが、決してなかったとはいえないと思う。

地中海は、ヨーロッパにとっては辺境である。

いうまでもなくそこは古代文明が興亡した場所であり、中世から近代までは世界の文化と交易の中心となった地域であるといっていい。が、その頃は北方の、自分たちこそ辺境にいたような民族がしだいに発展を遂げるようになると、文明の中心は地中海より北のほうに移っていく。

地中海をぐるりと見まわすと、北アフリカから、パレスチナ、レバノン、トルコにいたるまで、現在もキリスト教以外の宗教を信奉する人びとが暮らしている。かつてはイベリア半島の大半もアラブ人（ムーア人）の支配下にあったことを考えると、地中海はほとんど異教徒の世界であり、キリスト教が支配する地域ではない状態が続いてきた。

聖書は地中海のほとりで生まれ、キリストの血とされるワインは地中海をめぐる一帯を第二次センター（原産地以外でその植物にもっとも適した条件をもつ栽培の中心地）とするブドウからつくられるのだが、その太陽の光に溢れた豊穣な土地は、冷たい北の国のヨーロッパ人には眩《まぶ》し過ぎたのだろう。

北が南を低く見るという図式は、さまざまなかたちで発現する。

イタリアはまさしくそうだし、フランスでもそれに近いものがある。工業が中心となった近代社会では、寒い地域のほうが経済的に発展するケースが多く、南の暖かい土地に住む人は、働かないで遊んでばかりいるというイメージを抱かれてしまうからだ。

ナスは、太陽が強く、暑くないと育たない。

インドの原産だから、太陽の光が斜めからしかささないような、辛気臭いヨーロッパには向かないのだ。

ナスばかりではない、トマトもそうだし、トウガラシも、ニンニクも、辺境の南国だからこそすくすくと育ち、またそうしたエネルギーに満ちた野菜だけが、明るい太陽を浴びて生きる人びとの肉体を養うのである。

貧乏人のキャビア……と、いいたければ勝手にいえばいいだろう。

ニンニクやトウガラシは労働者の食べものだと、バカにしたければするがいい。

乾いた昼のじりじりとした熱気がようやくおさまり、地中海を涼しい風が吹きぬけてあたり一面がセルリアンブルーの影に覆われはじめる頃、ひとりナスのキャビアを前にしてよく冷えた白ワインを飲んでいると、私は貧乏人と労働者の国に住むほうがよっぽど幸せだと心から思うのだった。

彼女はキュウリのように冷たい

メッツェの前菜小皿にも、ナスと並んでキュウリは欠かせない野菜のひとつだが、キュウリもインド北部からヒマラヤ南部あたりが原産地と目されており、つねにナスと対になる野菜として考えられるのも理由のないことではない。

ナスとキュウリといえば、日本人は、お盆の迎え火、送り火を思い出す。

私も子供の頃、ナスとキュウリにそれぞれ短く折った麻幹《おがら》を刺して足をつけ、迎え火の準備をしたものだった。麻幹というのは麻の皮を剝いた茎を乾燥させた脆《もろ》い割り箸のようなものだが、夕暮れが近づく頃、家の玄関に近い庭の一角に、適当な長さに折った麻幹を積んで火をつける。死者の霊が道に迷わないように、間違えずに自分の家の玄関から入れるように足もとを照らしてあげる、というのが迎え火の意味だそうで、そう聞かされても、なにもわからない子供としては、足もとを照らすといっても幽霊に足があるのかどうか、牛か馬に乗ってくるにしてもどんなふうに乗るのか、母親に聞いてみたかったが聞くのもまずいような気がして黙っていた。

私が小学校に上がる前の年の秋に父が亡くなったので、子供の頃のお盆はかなりリアルな体験としてあり、父親がどちらに乗ってくるのか気になった。ナスとキュウリに麻幹の足をつけたものは、かたちからいって、ナスが牛で、キュウリが馬だろう。しかし、なぜ牛と馬はペアになっているのか。

私は子供の遊びの感覚で、ナスの牛とキュウリの馬を交互に手で持ち上げ、開いている門から家の玄関へと通じる道をパカパカといいながら歩かせた。牛の足音はどう表現したらいいのかわからなかったが、馬に乗るのはともかく牛に乗るというのは、しかもそれがキュウリとナスであるのは、仏教がインドから来たことと関係があるのだろうか……。

「キュウリやメロン、ネギやタマネギやニンニクが忘れられない。いまでは私たちの唾《つば》は涸《か》れてしまった」（旧約聖書『民数記』より）

シナイの荒野を彷徨《さまよ》いながら、イスラエルの民は、自分たちをエジプトから連れ出したモーゼに恨み言をいった。彼らはパレスチナに落ち着くやいなや、喉の渇きを癒すキュウリを栽培しはじめた……。

聖書では、キュウリは暑いときに喉をうるおす大切な野菜だった。

キュウリも栽培のはじまりがいつまで遡るかわからないほど古い野菜で、古代エジプト人も大好きだったし、歴代のローマ皇帝もおおいに好んだ。ただし、ナスよりは少し早いがそれでもヨーロッパの各地にまで伝わるのは十五世紀を待たなければならず、アメリカ人がこの野菜を知るのは十七世紀になってからである。

ヨーロッパに伝わった頃のキュウリは苦味が強かったようで、茹でたり、スープに入れたり、酢と油と蜂蜜で調理したり、苦味を消すのに苦労していたが、面白いのは、中国や韓国では完熟して苦味がなくなった黄色いキュウリを好んで食べる（だから「黄瓜」という）のに対し、ヨーロッパでは結局、日本と同じように、多少の苦味はあっても種が硬くない幼果のうちに、ナマで食べるほうを好むようになったことだ。

ナスは油と相性がよいが、キュウリは水と相性がよい。黄色く完熟したキュウリは油で炒めるとおいしいが、未熟なキュウリは大半が水分なので油を嫌う。ヨーロッパで幼果が好まれたのは、火と油脂を使う本格的な料理の材料としては受け容れられなかったということであり、そのためキュウリはサラダ用の野菜として細々と命脈を保つことになった。

ナスもキュウリも、たいした栄養のない野菜である。ナスは味にも香りにもこれといった特徴はないし、キュウリにいたっては単なる水のようなものである。しかも、両者は苦味をもつ点で共通している。

もちろんインド原産の野菜が寒い地域にうまく適応しなかったこともあるだろうが、ナスやキュウリがその真価を理解されるためには、サラセン帝国のように高度な料理技術が発達していたか、そうでなければ、からだを冷やすことが快適で、舌の上の苦味に清涼感を感じるような、暑い気候が必要だったのではないだろうか。

英語には、「キュウリのように冷たい cool as a cucumber」という表現がある。物事に動じない、冷静で平然としている、恋愛に熱くならない、という超然とした人を形容する言葉で、「彼女はキュウリのように冷たい」というのは、いくら口説いてもその気になってくれないことを嘆くときの言葉である。キュウリは実際に、果肉内部の温度が気温より相当低いといわれている。

日本では、もともと野菜を生食する習慣がなかったので、ナスのほうがキュウリより生産量が多かった。が、近年になって漬物需要が減り、生食がさかんになるとともに、ナスとキュウリの生産量は逆転した。タイではナスをスライスしてそのままナマで（スパイシーなディップをつけて）食べるように、日本でもおそらくこれからは、泉州の水ナスのような生食も可能なナスの品種が増えてくるだろう。

英語でキューカンバー、フランス語でコンコンブルという西洋種のキュウリは、日本のキュウリよりかなり太く、果肉が多くて種の部分の容積が小さい。

皮には光沢があり、棘は少ないが、硬いので食べるときには皮を剝く。種の数は少ないけれども生長すると硬くなるので、種も取り除いてから調理するのがふつうである。

皮を剝き、縦半分に切って中の種を取り去ってから輪切りにし、塩を振ってしばらく置くと水分が出てくるからそれを拭い（この処理で苦みを減らすのはナスとまったく同じ方法だ）、ワインビネガーとグレープシードオイルのドレッシングか、生クリームを少し混ぜたヨーグルトに和えて食べると、コリコリとした食感とみずみずしい爽やかさが心地よいキューカンバーサラダになる。私はこのときにミントの葉を刻んで混ぜたり、インドの出身であることに敬意を表して、クミンかアジョワン、あるいはコリアンダーなどのスパイスを散らしたりすることもある。

では、イギリス人がティータイムに食べるサンドイッチの定番、キューカンバーサンドイッチのつくりかたを、現代英国料理界のリーダーのひとりである、ギャリー・ローズのレシピで紹介しておこう。

GARY RHODESのキューカンバーサンドイッチ

材料
食パン（薄いスライス）　8枚
キュウリ（できるだけ薄いスライス）40～48枚
バター　適量
塩胡椒　少々

作りかた
1．バターをやわらかくしてパンに薄く塗る。
2．キュウリは皮を剝いてから縦半分に切って中の種を取りサンドイッチをつくる20～30分前にスライスして、小さじ4分の1の塩を振っておく。
3．塩を振ったキュウリをよく混ぜ、ザルに載せて水を切る。ただし、金属製の網ザルは塩に反応して匂いがつくので用いないこと。20～30分したら味を見て、塩辛過ぎるようなら水ですすいでから軽く絞っておく。
4．キュウリのスライスを、一部重なるようにしながら4枚のパンの上に並べる。コショウをして、パンを重ねる。好みで酢を、パンに置く直前のキュウリに振りかけてもよい。
5．パンの耳を切り取り、食べやすい大きさにカットして、皿に盛る。

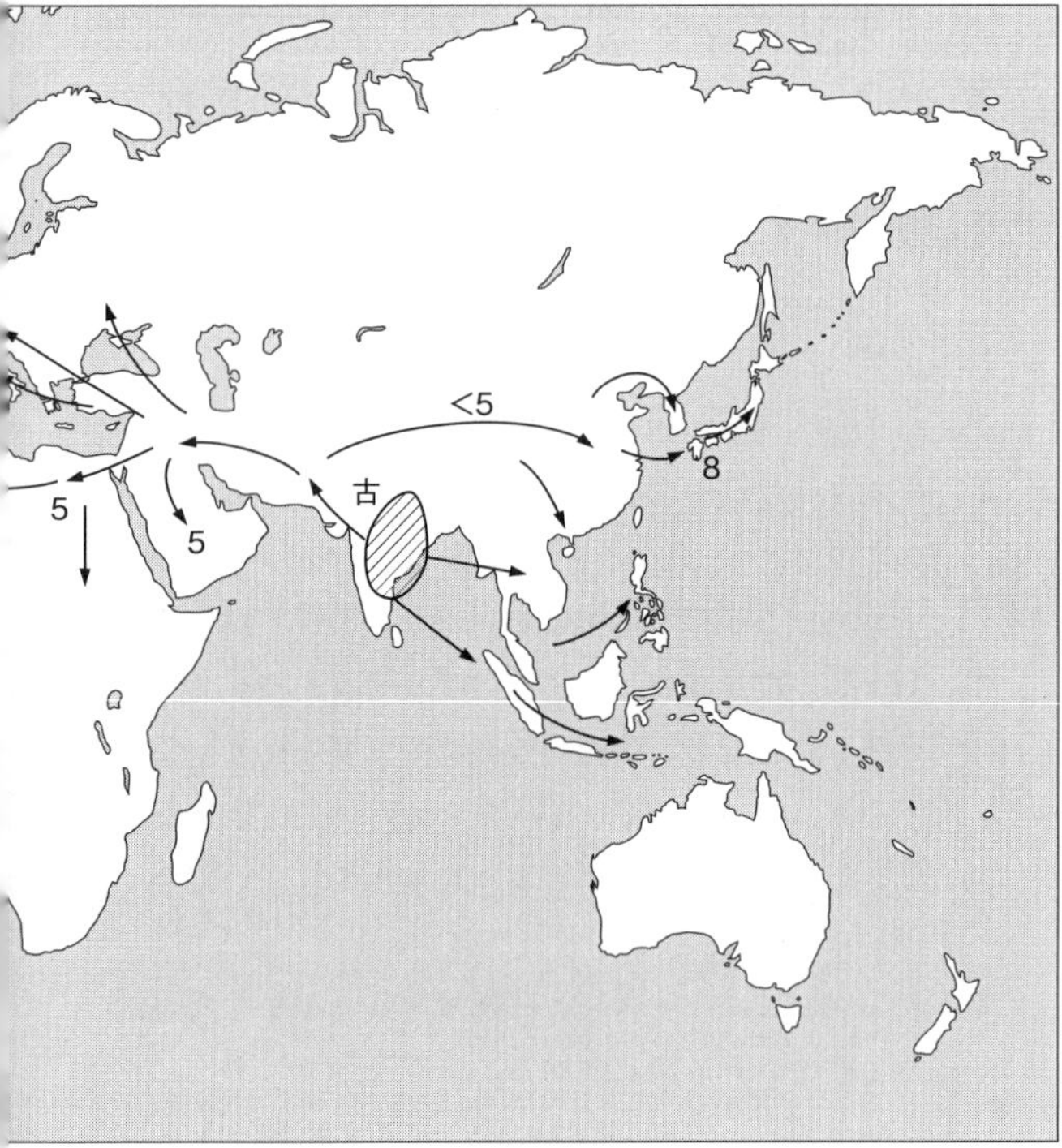

二宮書店、1978年より）

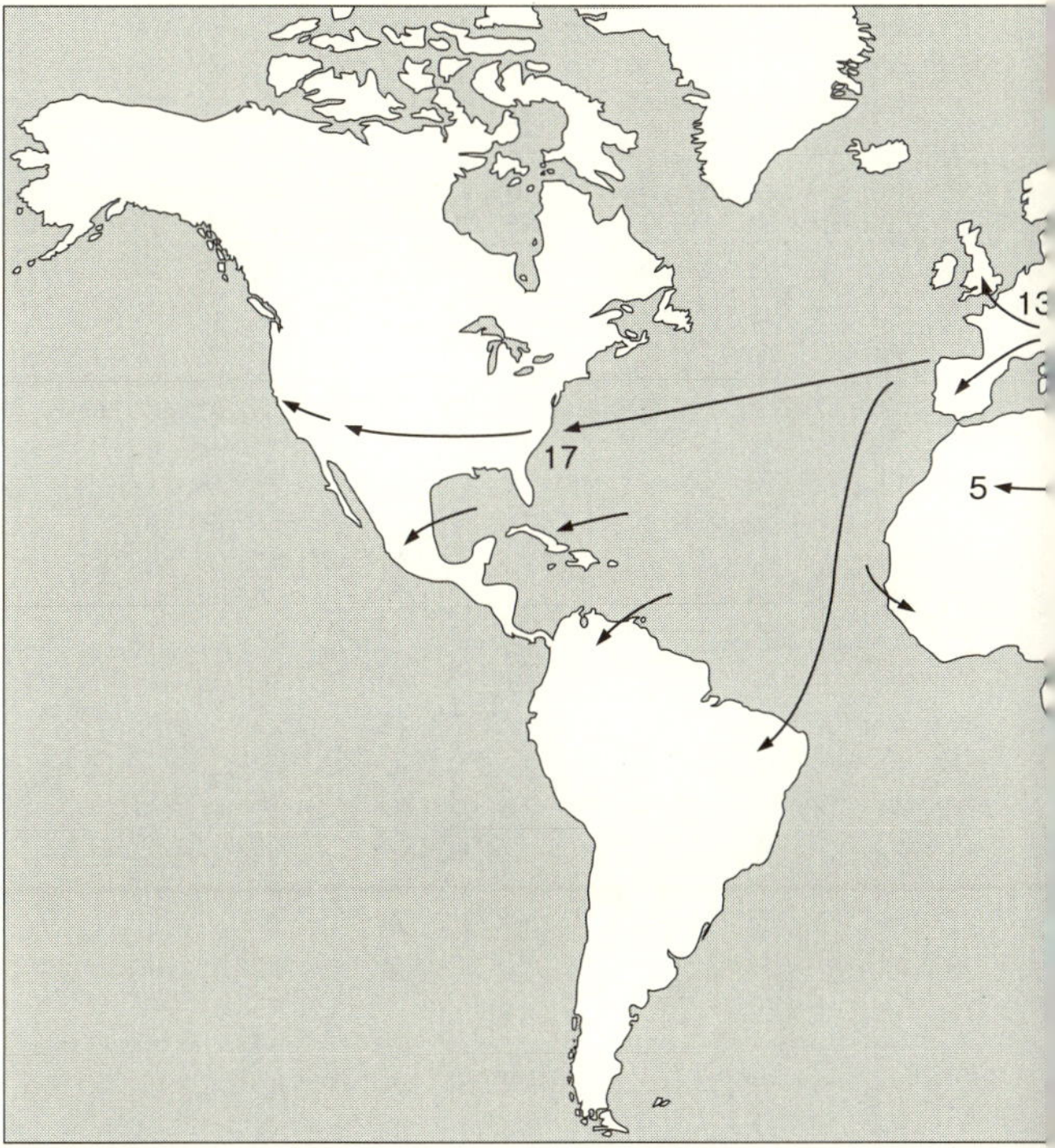

ナスの伝播　起源地、数字は世紀（星川清親『栽培植物の起原と伝播』

ブイヤベース作法

さて、ナスを追いかけてスタートした地中海をめぐる旅は、南フランスの海岸でブイヤベースを食べながら終えることにしよう。

獲れたての新鮮な魚介類をニンニクとサフランの香りをきかせて素早く煮込むブイヤベースという鍋料理は、南仏地中海岸の名物として、いくつもの町や港がわれこそ発祥の地であると名乗りを上げている。その中で有力とされるのがマルセイユの旧港とカシの入江だが、どちらで食べたところで料理の中身にそう大きな違いはない。ただ、南の国の太陽をたっぷり浴びたブドウでつくられたワインを飲みながら、できれば海の見えるところで食卓を囲みたいものだ。

ブイヤベースは、もともとは漁師の雑駁《ざっぱく》な料理である。

材料は、その日に獲れた魚介ならなんでもよい。

地中海は潜ってみると意外なほど魚影も海藻も少ない北の海だが、カサゴ、アンコウ、カナガシラ、ヒメジ、アナゴ、タイ、マトダイ、メルラン（タラの一種）……など、ひと通りの魚は泳いでいる。どれがなければできないというものでもないのだが、カサゴとアンコウくらいはほしいところだし、種類は多いほうがおいしくできる。

ブイヤベースは漁師の家族がおおぜいで囲む鍋料理だから、旅行者がレストランで食べる場合はそうはいかないとしても、一度に少なくとも六人前から八人前の魚が入る鍋でつくらなければいけない。鍋は鉄。大きな鉄鍋がなければアルミでもブリキでもかまわないが、とにかく早く熱が伝わる、火をつければすぐに沸騰するような鍋が望ましい。

まず、六人前として三キロの魚を、よく洗ってから鍋に入れる。魚一キロ当たりニンニクを八片、オリーブオイルをたっぷり、月桂樹の葉、クローブ、タイム、パセリ、乾燥オレンジの皮、塩、コショウ、それからトマトを切って入れ、十分な量のサフランを加えたあと、すべての材料にオリーブオイルが絡まるように鍋をよく揺すってから白ワインを全体にかけまわす。で、最後に、すべての魚が隠れるまで水を注ぐ。

ここまで用意ができたら、よく乾いたブドウの木の枝を燃やし、鉄の五徳の足が真っ赤に焼けるまで待って、その上に鍋をかけ、蓋《ふた》をする。火にかける時間は、十分間。魚の量や種類によっては十五分までよいが、それ以上火にかけていてはいけない。

これは、「マルセイユのブリア゠サヴァラン」といわれた百二十年前の伝説の料理人ルドウフ・セールによるレシピを簡略に記したものだが、もちろん人によって細部にはさまざまな違いがある。タマネギのみじん切りを加える人、クローブではなくフェンネルを入れる人、塩を入れずに海水を使う人、水を使わず白ワインだけで鍋を満たす人、鍋は鉄鍋より土鍋のほうがよいと主張する人……。

だが、とにかくたっぷりのニンニクと十分な量のサフランを使うこと、それに乾燥オレンジの皮をひとかけら加えることだけは、どのレシピにも共通している。

「ブイヤベース bouillabaisse」は、「沸騰させる」という意味の bouillir という語と「(火を) 落とす／(温度を) 下げる」という意味の abaisser という語を合体させたものである。だから、とにかく早く沸騰させ、その沸騰した状態から急激に温度を下げることが肝要で、この点に関しても南仏の人びとの意見は一致している。

レストランでブイヤベースを注文すれば、魚のほかに大きなロブスターや、ときにはカニを加え、あらかじめほかの魚で取った濃厚なダシを丁寧に濾《こ》してスープにし、食べる魚はかたちよく切ってそれぞれ別に火を通してくるだろう。

料理をする前に「今日の魚はこちらでございます」とギャルソンが銀盆に載せた魚を客に見せ、できあがったら、まずスープだけを深皿に注ぎ、スープを食べ終わる頃に、きれいに骨を取り除いた魚や、食べやすくカットしたエビを別皿に盛ってくる。

卓上には、グリルしたフランスパンの薄切りと、ルイユという赤いマヨネーズのようなものが置かれているから、皿に注がれたスープにそのパンを一枚か二枚浮かせて、その上にルイユをたっぷり載せる。パンにスープが滲みてきたら、それをスプーンですくって、スープとともに口に入れる……というのがブイヤベースの食べかただ。

魚はスープを楽しんだあとに食べるが、スープを入れた大鉢はそのままテーブルの上に置かれているはずだから、皿の上に取り分けた魚にあらたにスープをかけたり、さらにルイユを載せたりするのは自由である。また、魚の皿の縁にサフランで黄色く染まったジャガイモが並べられている場合も多いが、単なる飾りではないのだからもちろんいっしょに食べてかまわない。

しかし、本当は違う、とうるさい人はいう。

最初にスープだけをサービスして、魚をあとからよそうのはレストランのコース料理の作法だからしかたないとしても、いちばんいけないのはパンをグリルすることだ、というのがポイントだ。

パンは焼いてはいけない。古くなった、少し硬いパンをそのまま、あらかじめ深皿の底に置いておき、その上からスープを注ぐのが正しい。焼かないパンのほうが、よくスープを吸うからである。大きく切った硬いパンを一人あたり四枚は用意して、パンの上に魚を載せてスープを注ぎ（スープを注いでから魚を載せてもよいが）、その上から魚が隠れるくらいにたくさんルイユを載せて、全部を混ぜながら、魚もパンもスープもなくなるまで食べる。食べ終わったら次の硬いパンを皿の底に置き、同じことを繰り返す……。

それが正しい作法であり、しかも、ガスの火ではなくて野外の焚き火で、おおぜいがひとつ鍋を囲んで和気あいあいと食べるのが、南仏の漁師たちの、本当のブイヤベースの食べかたであるという。

南仏のバニラ

ニンニクには、南仏のバニラ、という別名がある。

ニンニクもいつ頃から食べはじめたのかわからないくらい古い野菜のひとつで、原産地は中央アジアか、中国西域、あるいはメソポタミアの砂漠地帯。そこからエジプト、ギリシャ、ローマ、地中海諸国へと伝わったが、その強烈な匂いのため、ニンニクはつねに強壮食品ないし医薬品として扱われてきた。

ニンニクを料理に多用する地域はアジアにもアフリカにも数多いが、ヨーロッパでは、地中海周辺の地域が中心である。ナスやトウガラシ同様、太陽の強いところで好まれる。

南仏の貧しい人たちの伝統的な昼食は、パンにニンニクをこすりつけてオリーブオイルをかけたものだったという。

フランス料理では使ってもごく少量で、イタリアでも北のほうではあまり使わない。

ピラミッドを建設するときの労働者の力はニンニクとタマネギによるものだといわれるが、同じネギ類（アリウム属）の仲間でも、ニンニクよりタマネギのほうが、タマネギよりもエシャロットのほうが、より品がよい、という格差が、少なくともフランス料理の世界には存在している。

その点で、ブイヤベースの鍋に一人あたり丸ごと半個以上もニンニクをぶち込む、南仏地中海の料理は別格といっていい。

ブイヤベースの食べかたで出てきた、ルイユというのはこうしてつくる。

種を取って一時間前から水に浸しておいたトウガラシと、同量のニンニクをすり鉢で潰し、硬くなったパンを水または魚のスープに浸してから軽く絞ったものをひとつまみ加えて、オリーブオイルを少しずつ加えながらなめらかなペースト状になるまでよく混ぜる。最後にコショウを少々ふって味をととのえる。

これが、正調のルイユ作法である。ルイユは「赤錆《あかさび》」という意味だから、赤い色がはっきり出るようにトウガラシはたっぷり使うこと。それと同量というのだから、ニンニクの量も相当になる。

パンは繋ぎとして必要な量だけでよいが、パンに加えて卵黄を使う、あるいはパンの代わりに卵黄を使う、というレシピもあり、そのほうが現在では一般的でもあるのだが、そうなるとルイユはどんどんマヨネーズに近づいていく。私たちが簡略にやるときは市販のマヨネーズにニンニクとトウガラシを混ぜた「代用品」でよいだろうが、そんなことを聞いたら、南仏の人たちはルイユを冒瀆《ぼうとく》したといって怒るだろう。

ルイユと似ているが少し違う、もうひとつの名物ソースがアイオリである。

アイオリ aioli は南仏方言の「ニンニク ai」と「オイル oli」を合体させた語で、ニンニクを鉢で潰し、そこに卵黄を入れ、オイルを加えながら混ぜたものである。最後にレモン汁で味をととのえ、温水で量を調整する。四人前で卵黄は一個分、ニンニクは八片が南仏の標準だ。

アイオリは、茹でた野菜に添えて食べる。野菜はジャガイモ、ニンジン、タマネギ、トピナンブール（キクイモ）、カリフラワー、アルティショー（アーティチョーク）、インゲンマメ、ヒヨコマメなど。野菜のほか、茹でタマゴと干ダラを加えてもよい。

もちろん魚を食べるときにアイオリをつけてもよいが、魚のスープにアイオリを丁寧に溶かし込んでクリーム状にしたものを深皿のパンと魚の上からかければ、ブーリッドという、ブイヤベースと双璧をなす南仏名物の料理になる。

いずれにしても、バニラより麗しいニンニクの香りを思い切り解き放つのが、北のフランス料理など歯牙《しが》にもかけぬ、地中海に生きる人びとの誇りであり、自慢なのだ。

サフランの原価

漁師といっても、魚は毎日獲れるわけではない。海が時化《しけ》れば何日も魚はないし、魚が獲れたときは売るのが商売だ。南仏ではブイヤベースはキリスト教の精進日である金曜日に食べる定番料理だったが、魚のないときには、干ダラのブイヤベースをつくったり、魚なしの、野菜だけのブイヤベースをつくったりした。

野菜のブイヤベースの材料は、タマネギか長ネギに、トマト、ジャガイモ、セロリ、パセリ。香りづけはフェンネルと月桂樹の葉と、乾いたオレンジの皮（これがどうしても必要らしい）。それから、たっぷりのオリーブオイルとニンニクと……サフラン！

水を加えて強火で加熱し、野菜に火が通ったら火力を弱めるのはブイヤベースの鉄則だが、最後に一人一個あてタマゴを割り入れ、イモとタマゴは別皿によそって出す（魚のつもり）というあたりは涙ぐましいが、でも、どんなに貧しくてもサフランだけは、本物を使わなければブイヤベースにはならない……。

サフランは、小アジアから、ペルシャを経て、アラブ人の手で地中海沿岸に伝わった品のよい薄紫色のクロッカス属の花で、この花の雌しべが香料になる。古くからシリアやレバノンに自生し、いまでもスペインなどで栽培されている、珍しく「地元産」のスパイスである。ヨードを含むので海の香りがするといわれ、フェニキア人が好んで魚料理に使ったので、ブイヤベースはフェニキア人が南仏に伝えたのだという説もある。

アラブ人がスペインのバレンシア地方にコメを伝えたとき、サフランの栽培も教えたという。そこから、今日のパエリャが生まれた。パエリャもブイヤベースもサフランがなければできない料理である。あとはイラン（ペルシャ）、ペルシャから伝わったインドなどに、サフランを使った料理の伝統がある。ヨーロッパでも、十六世紀に富裕階級のあいだでなんにでもサフランを入れるのが流行《はや》った一時期があったが、ほどなく飽きられて下火になった。サフランもまた、その絢爛《けんらん》たる香りを纏《まと》う強い個性ゆえに、地中海の周辺と遠く離れた異国でしか、正当な評価を受けることがなかったのである。

インドのカレーには、もともとウコン（ターメリック）が使われていた。

ウコンはインド原産のショウガ科の根茎で、アラブ人やペルシャ人にも、またスペイン人にも愛好されたが、ウコンが水に溶けないのに対し、サフランは（油には溶けないが）水によく溶けるので、鮮やかな黄色がコメによく滲み込む。そのうえ香りも数段よいから、サフランが知られるようになってからは、ウコンよりサフランで色と香りをつけたコメ料理が、どの地域でも好まれるようになった。

が、問題は値段だった。サフランはめちゃくちゃに高いのだ。

サフランは、一個の花に三本の雌しべをつける。栽培種では雌しべの柱頭が長く伸びて垂れ下がるので、これを手で採って、乾かすのだ。

私も去年、ガーデンで育てていたサフランが咲いたので雌しべを収穫したが、指を黄色く染めながら、腰を曲げて小さな柱頭を採るのはたしかに大変な作業だった。

ある人は一グラムの雌しべに三百個の花が必要だといい、ある人は十万個の花から五キロの雌しべが採れ、乾燥させると一キロになるといい、またある人は一キロの乾燥品に必要な花は十万個ではなく三十万個だの五十万個だのといい、いろいろな人が計算しているが、計算が人によって違う。うちの畑のは、少な過ぎて計量もできなかった。

とにかく、採取に手間がかかるので、サフランの価格は人件費がほとんどなのだ。が、そんなに人手が必要なら、サフランを栽培すれば雇用が生まれるのでは？

そう考えた人はすでにいて、十六世紀にヨーロッパでもサフランのブームが起ったのを見て、イギリス政府はサフラン栽培で失業問題の解決を図ろうとした。が、十八世紀になると産業革命で労働力が工場に取られてしまい、計画は頓挫した。

私はいまでもこの政策は有効かもしれないと思うのだが、世界中でサフランをつくりはじめたら価格が下がるわけだし、労働条件と製品価格のバランスが難しそうだ。

しかし、労賃を払うのではなく、自給自足するつもりなら、市場価格は関係ない。

十八世紀にドイツからペンシルヴァニア州のオランダ人居住区に移民してきたシュベンフェルダーさんの一家が、アメリカでも、ドイツにいたときにやっていたサフラン栽培をはじめた。

もともとなんでも手づくりをする大家族で、どんな肉体労働も厭《いと》わない強健な一家だったので、せっせとサフランを育てて、せっせと収穫した。そして一家はスープでもソースでもお菓子でも、なんにでもふんだんにサフランを使うサフラン一家として有名になった
……という本当の話がある。来年は、うちももっと栽培面積を増やそうか。

サフランの収穫をしながら指先が鮮やかな黄色に染まったのを見て、これでタクワンを漬けたらどうだろう、というアイデアが浮かんだ。

タクワンは、単に糠漬けにするだけで、米糠の中に含まれる枯草菌《こそうきん》の働きによってダイコンが自然に黄色く染まるのが本来のつくりかただそうだが、食欲をそそる黄色い色を出すために、ウコンの色素を加えることが一般におこなわれている。

カレーやパエリャもウコンよりサフランのほうが高級なら、タクワンはどうだろうか。鮮やかな黄金色《こがね》と、ほのかにたちのぼる高貴なサフランの香り……。超高級タクワンとして、人気商品にならないだろうか。もし売れるなら、そのときは果てしない肉体労働に従事する覚悟はできている。

第5章　サトイモのナショナリズム

ニンジンの故郷

　ニンジンの故郷を訪ねて、天山《てんざん》山脈の麓《ふもと》まで行ったことがある。シルクロードの敦煌《とんこう》、楼蘭《ろうらん》を越えて、ウルムチから石河子《せきかし》というところまではそれなりに整備された道路が敷かれていたが、その先はなかば砂漠のような道なき道を、トラックに揺られて天山山脈が目の前に見えるところまで近づいた。

「ここが、ニンジンの故郷です」

　案内人は自慢げにそういったが、あたりを見まわしてもそれらしい植物が自生しているわけではない。ただ、その近所にはたしかにニンジンを栽培している農家があり、見せてもらうと、乾いた土の畑に黄色くて細い野性的なニンジンが育っていた。

　ニンジンの原種は、白いのだそうである。そこの畑のニンジンはほとんどが黄色かったが、中には色素の薄い白っぽいものもあり、なるほどこれが原初の姿かと思うとなんとなく感慨深かった。

　その翌年、同じ地続きの地域を中ソ国境の反対側から訪ねて（当時は旧ソ連が中国と国境を接していた）、タシュケント（現在はウズベキスタン）周辺のいくつかの町で市場や食堂を見てまわった。

この地域では、ラーメンの語源となったのではないかといわれるラグマンや、ピラフの原型とされるポロなど、食文化的に興味深い料理が街角の屋台で売られている。

ラグマンは、太い手打ちの麺を茹でて、羊肉または牛肉と野菜を炒めて煮込んだスープとともに食べるもので、小麦粉のドウを手で引っ張りながら伸ばす麺のつくりかたから、拉麺、すなわちラーメン（拉＝引っ張る）の原型ではないかといわれる麺料理だ。

ラグマンがラーメンの語源だという説には異論もあるが、同じこの地域で、中国でいう饅頭《マントウ》と同じものをマンティと呼ぶことからみても、中央アジアの諸民族が、ウィグル人を媒介として中国と同じ食文化を共有していたことはほぼ確実である。

私は中国側でもウィグル人がつくるラグマンを食べたが、どちらの場合もトマトとトウガラシはかならず入っていたが野菜はタマネギやピーマンなどが目立ち、ニンジンはとくに重要な役割を演じてはいなかった。

が、ポロという今日のピラフの原型にあたるコメ料理では、ニンジンは、なくてはならない存在のようだった。

ポロ、ピロウ、ピラウなど、地域によって発音が微妙に異なるさまざまな言葉で呼ばれるこのコメ料理は、インドから西アジア、中央アジア、イラン、トルコにいたるまでの広い範囲に見られるが、私がタシュケントで出会ったのはこんなつくりかただった。

まず、鉄の大鍋に油（綿実油か）を入れて、脂身がたっぷりついた羊肉のぶつ切りを、ニンニクやタマネギとともに炒める。そこへコメを投入し、全体に火が通ったら、水を加えて、コメが炊けるまで煮る。このとき、かならず大きく切ったニンジンを放り込むのがならわしのようだった。

多くの場合、使われているのは黄色いニンジンだった。赤いニンジンも市場に出ているが、あまり人気がないという。

ニンジンの原種は、白か白に近い黄色をしていたが、その後カロチンを多く含む赤みがかったニンジンがつくられ、しだいに現在の赤橙色が一般的になっていった。

最近は逆に、伝統的な野菜に多様なバリエーションが求められて、一般的なニンジンの赤橙色だけでなく、白、黄、紫など、さまざまな色の新しい栽培品種が開発されているけれども、中国の天山山麓や中央アジアのタシュケントに住む人びとが、赤よりも黄色のほうがいいといって昔ながらの色に固執しているのだとすれば、さすがに原産地……と感心したくなる。

しかし、ラグマンは国境の両側で日常食として食べられているのに、ポロの屋台は中国側では見かけなかった。ピラフの文化はどちらかというと、中国より西側のものなのである。だとすれば、ニンジンの役割がラグマンとポロで大きく異なることを考えると、ニンジンを好んで多食するタシュケント（ウズベキスタン）のほうが、原産地に近いといえるのだろうか……。

ニンジンの原産地については、ヨーロッパではないかという説もある。

この説を立てているのはおもにヨーロッパの学者たちだが、地中海の沿岸には古くから黄色い細い根をもった野生のニンジンが自生しており、それが原種だというのである。古代ギリシャやローマですでに知られていたことは文書からも明らかだが、栽培がはじまったのはガリア（フランス）ではないか、というフランス人もいる。赤橙色の品種が開発されたのは十七世紀のオランダで、ニンジンに関してはつねにヨーロッパが世界をリードしてきたというのだが……。

ニンジンの原産地に関しては、アフガニスタンであるとする説が学界では強いようだ。色は白または黄色だが、赤紫色のものもあり、中央アジア一帯に伝わったのは十世紀前後とする説である。

シルクロードを案内してくれた中国人のガイドは、天山山脈のほうを指さしながら、

「ここが、ニンジンの故郷です」

といったあと、

「ここは、ニンジンだけでなく、タマネギの故郷でもあります」

といって胸を張った。

その自信満々の表情を見ながら私は、この調子でいったら、すべての野菜が天山山脈の麓から生まれたことになってしまいそうだ……と、そのときは自信過剰な中華思想の大風呂敷にやや辟易《へきえき》したものだったが、しかしもう一度、宿に帰って世界地図をよく見ると、東西で千キロを優に超える天山山脈の山麓は、東の端がシルクロードのウルムチから石河子にかけての一帯であるとすれば、西の端は、もうほとんどアフガニスタンといっていい地域なのである。そして、そのアフガニスタンのすぐ北側が、タジキスタンとウズベキスタン……。

ニンジンの祖先が生まれたのは、だいたい、そのあたり……と(ヨーロッパ起源説は別として)大雑把にいってしまえばそう間違いはなさそうだし、タマネギの原種と目される野生植物は未発見だが、原産地は北西インドからタジキスタン、ウズベキスタン……という説があることを聞けば、そこは天山山脈の西麓でもあるのだから、中国人ガイドが自慢しても文句はいえない。

いずれにしても、人間が国境の線を引くずっと以前から野菜たちの祖先は生きてきたのだし、鳥に食われて種が運ばれ、あるいは人が運んで新しい土地に伝え、食べものになる植物は人類共有の財産として昔から世界中で育《はぐく》まれてきたのである。

だから、ニンジンに限らず、原産地がどこか、それも国境のどちら側に位置するかを詮索することには意味がない……とも思うのだが、実際には、その植物の原生野生種を見つけることは、自分の国が原産地であることを主張する名誉だけでなく、それらの古い植物が伝える原初の形質が未来の品種を開発したり改良したりするためにきわめて重要な役割を演じるので、野菜や穀物の原種の発見には世界中の国が力を入れており、植物資源をめぐる国家間の争いはますます激しくなっている。

忘れられた野菜たち

つい最近まで、毎年フランスから通信販売で野菜の種を買っていた。年が明ける頃に種苗会社からカタログを取り寄せ、栽培したいものを選んでファックスかメールで注文するのだ。が、二年ほど前のことだが、注文を送ったら、EU諸国に居住していない人には種の通信販売はできない、という知らせが返ってきた。法律が改正されて、個人が海外に植物の種を送るのは自由だが、種苗会社の通販はできなくなったというのである。

しかたなく、現在はフランスに住む友人に頼んで注文品を受け取ってもらい、それを個人的に日本まで転送してもらう方法をとっているが、自由、といっても種の輸出入は厳しく監視されていて、たいがいの場合、箱が開封されて厳重に調べられた痕《あと》が残っている。アメリカの場合は、以前から、通信販売はもちろん、個人的にも種を日本に発送することはできなかった。だから、トウガラシなどアメリカのほうが種類の豊富な野菜に関しては、アメリカ在住の友人が日本に来るときにもってきてもらうようにしている。

種の輸入といっても、輸入した種を販売するわけではなく、自分の畑に播いて野菜を収穫し、それを自分の経営しているレストランで使うだけだから、ふつうの家庭菜園より量は多いかもしれないが、種苗店で売っている袋に入った市販品を買う限り、特段の問題はないはずである。だから調べられても没収されたり注意されたりすることはこれまでのところないのだが、検閲されているのかと思うとあまり気持ちのよいものではない。

もちろん土のついた根をもつ植物は輸入厳禁で、たとえばブドウの苗木を輸入しようとするときには、あらかじめ申請しておいて輸入した苗木を税関の圃場《ほじょう》に一年間預け、有害な病虫害が発生するおそれのないことを確認してからでないと自分の畑に移すことはできない。が、種の場合の規制はそういう植物検疫上の対処とは別のもので、おそらく、大袈裟にいえば国家の戦略的な防御体制のようなものが、その背景にあるのではないかと思う。石油、レアメタル、レアアースに次いで、食糧、とくに植物が、次代の覇権を左右する戦略物資になってきているのである。

毎年ではないが、冬から春にフランスへ行く機会があるときは、パリの種苗店で野菜の種を買ってくる。量が多いときは面倒が起るといやなので税関でかならず申告するが、もちろんなんの問題もなく通関できる。

私はいつもセーヌ河岸にあるヴィルモランかデルバールという店で種を買うのだが、もう十年以上も前から、失われた野菜たち、と名づけた種のシリーズが、棚の目立つところに置かれるようになった。

その中には、プンタレッラや食用ホオズキなど最近日本でも売られるようになった西洋種の野菜のほか、チョロギ、ダイコン、ゴボウなど、日本では古くからお馴染みの野菜も少なくない。近年の日本料理ブームとも重なって、これまで欧米に知られなかった日本の野菜は人気が高く、何年か前に、通信販売のカタログに珍しいキュウリの写真があるので注文したら、送られてきたのは日本のキュウリの種だった、ということがあった。知らず知らずのうちに、日本の品種をフランスの種苗会社が扱うようになっていたのだ。

これほどたくさんの野菜が原産地からはるかな旅を重ねて世界のいたるところに伝わっているというのに、まだまだ知られていない野菜も数多い。もちろん気候的な条件から栽培できる範囲が限られることはあるとしても、なぜかある特定の地域でしか食べられていなかった野菜が、現代になって新しい土地に移されてそこでうまく育つ場合もある。国家的な戦略とはまた別に、昔つくられていたのに最近は食べられなくなった野菜が復活したり、淘汰《とうた》されてなくなったはずの品種が逆に稀少価値を生んで評価されたり、つねに多様で新しい食べものを求める人間の好奇心にこたえて、「忘れられた野菜」を探す作業はこれからも続くだろう。

稲の妻と若い豆

アメリカに住む日本人が、いちばんほしいと思うのは、エダマメ、シソ、三つ葉、ミョウガ……といった、日本的な野菜だそうだ。それらに加えて、セリ、ウド、フキなどの、日本原産といってよい、日本人しか食べないような野菜の新鮮なものは、たいがいの日本食品を売っている町でも簡単には手に入らない。私の友人も、自宅の庭で育てようとしたがなかなかうまくいかないと嘆いていた。

アメリカはダイズの大産地なのだから、つくろうと思えばエダマメなどいくらでもできそうなものだが、気候的に、あるいは土地の性質から、栽培が難しいということがあるのだろうか。レストランで出てくるエダマメも、ほとんどが冷凍もののようである。

昔の日本では、田んぼの畦《あぜ》にかならず豆を植えたものだ。

畦に植えるのはダイズだが、土を固めて畦を守る役割があるとされ、アゼマメと呼ばれることもあった。春に播いた豆は夏の終わりにエダマメとして食べ、初夏に播いた豆は味噌をつくるためのミソマメとして秋遅く収穫した。

エダマメというかたちで、ダイズの若い豆を茹でて食べるのは、平安時代に遡る古くからの習慣らしい。

「枝豆」という名がつけられたのは江戸時代の後期に市中で枝ごと青い豆を売り歩くようになってからのことだというが、ダイズは葉も茎も枯れるまで放っておいて完全に乾燥した豆の状態で収穫するのが世界の常識で、未熟なうちに採って食べるのは、ロリコン趣味の……といっていいだろうか、野菜も若い未熟なものを好む日本にしか見られない習慣ではないかと思う。

マメ科の植物の根には、根粒菌《こんりゅうきん》というバクテリアが共生して、大気中の窒素を固定する働きをする。レンゲソウの根にも根粒菌がつくので、稲刈りの終った田にレンゲの種を播き、春に花が咲いたあと土に鋤《す》き込んで、レンゲの根についた根粒菌が固定した窒素を、稲のための肥料として利用することが古くからおこなわれてきた。

トウモロコシの栽培を熟知したインカ帝国の農民は、トウモロコシのまわりにかならずインゲンマメを植えたという。インゲンマメの蔓《つる》はトウモロコシの茎に巻きついて高いとところまで伸びて太陽をいっぱいに浴び、インゲンマメの根につく豊富なバクテリアが土壌を豊かにしてトウモロコシを育てるという、最近話題になっている「コンパニオン・プランツ（共生植物）」の発想である。

この共作の方法は、教えたわけでもないのに旧大陸でも同じことがおこなわれ、ハンガリーやフランスのブレス地方に見られるという。

日本では、カミナリが多い年は稲がよく実るといわれ、そのために雷鳴とともに天を照らす閃光《せんこう》は、稲妻と呼ばれて農民によろこばれた。

これはカミナリが空中の窒素を土壌に固定して稲に窒素肥料を与えるからで、稲を助けるから稲の妻と呼ばれたのである。

肥料が大量に使われるようになった現代では落雷の頻度とコメの作柄のあいだには有意な因果関係は認められないといわれるが、窒素肥料が十分手に入らなかった時代には、あきらかな影響が認められたに違いない。

おそらく田んぼにアゼマメを植えるのも、マメ科の植物が土壌を豊かにすることを農民は経験的に知っていたからだろうし、少なくともマメ科なら、わざわざ大事な窒素肥料を分け与えなくても、根粒菌が育ててくれるから無駄がない。その意味では、マメもコメを助けていた、ということができるだろう。

コメとマメは、日本人の食生活の根幹をなす二大作物である。

また原産地の話をすると、ダイズの原種は、中国北部からシベリア、および日本にも自生するツルマメ（野豆）だろうといわれている。ダイズとして栽培作物化されたのは中国の東北地方、アムール川流域ではないかといわれ、そのダイズは弥生期に中国から日本に渡来したらしいが、野生のツルマメはそれ以前から独自に利用していたというから、ダイズは日本も原産地のひとつとして名乗りを上げることができる、きわめて珍しい例といえるかもしれない。

味噌、醬油、豆腐、納豆。どれもダイズがなければできない食品で、同時に、それらがなければ日本人の食生活は成立しなかった。

とくに、味噌と、その味噌から抽出された醬油は、日本の料理と日本人の味覚の根幹をかたちづくるものである。

ダイズが欧米に知られたのはきわめて遅く、十八世紀に入ってからである。日本と中国から海路ヨーロッパに入り、そこからアメリカにも伝えられたといわれているが、日本に来航した黒船のペリー提督も、一八五四年に日本のダイズを持ち帰った。その後、アメリカは一八九六年からようやく栽培実験をはじめたのだが、二十世紀に入ってから急速に増産が進み、いまでは世界一のダイズ生産国だ。

日本人の食生活に絶対なくてはならないダイズを、ほとんど外国に、しかもその大半をアメリカからの輸入に頼っているとは、いったいどういうことだろうか。

私は決してナショナリストではないけれども、政治的にも経済的にも軍事的にも日本がアメリカに首根っこを押さえられて身動きが取れないのは、味噌と醤油の原料の供給を一手に握られているからだと思っている。しかもアメリカが生産するダイズの大半が製油原料か動物の飼料用だと聞けば、よけいにナショナリズムが刺激されるではないか。

まずはコンクリートで固められた田の畦を土に戻し、アゼマメを植えるところから、日本の独立を回復する道筋をつけてはどうだろう。

山の神とは何者か

フランス語で「雷鳴の一撃」というと、一目惚れ、という意味になる。その人を見た瞬間、カミナリに撃たれたように、ハートが射抜かれてしまう。

こうして一目惚れから結婚まで漕ぎつけた者はしあわせだが、フランス語の諺では、

「妻を娶《めと》るのは暴君に仕えるようなものだ」

「穏やかに暮らしたい者は妻を娶ることを控える」

「急いで結婚する者はゆっくり後悔する」

「神が妻を召されたとき男ははじめて神を愛する」

と、フランスの男たちには散々な人生が待っている。

日本の場合は、少なくとも一昔前までは、妻たちは稲の妻のように貞淑で、かいがいしく夫を支えたものだった。しかし、日本の男たちも、

「うちの山の神のご機嫌が悪くてね」

とか、

「それは山の神に聞いてみないと……」

などと、妻を山の神といって畏れ敬うのが、かつての亭主たちのつねだった。

最近はあまり聞かれなくなったが、高度成長期くらいまでは、日本のサラリーマンの多くが口にしていた言葉である。この山の神というのは、いったい何者なのだろうか。

日本の農民のあいだでは、春になると山の神が山から下りてきて田の神となり、稲の生長を見守って、稲刈りが終る秋に再び山に戻る、という信仰があった。

本来、山の神はその名の通り、山で暮らす、あるいは山で働く人びとのカミであった。

山の中の岩や樹木には精霊が宿っており、そのカミの庇護がなければ、安全に仕事をしたり暮らしたりすることはできない。もしも自然の掟《おきて》に反するような行為をして山の神の

怒りを買いでもしたら、事故や不幸に見舞われるので、ふだんからつねに敬意を払い、祭りのときは生贄《いけにえ》を捧げるなどして山の神のご機嫌をとった（これは妻の寓意ではなくホンモノの山の神の話である）。

自然界の万物に精霊が宿るというアニミズムの世界では、山の神はつねに山の中に棲んでいたのだが、人びとが山の中の狩猟と採集によって暮らしていた段階から、里に田を開いて稲作がおこなわれるようになると、山の神は二面性をもつカミに変化する。すなわち、春に山から田に下り、秋に再び田から山に帰る、去来するカミとしての山の神である。

この去来する山の神というのは、山の中の常世《とこよ》に棲む祖先の霊のことである、とするのが一般的な解釈だが、実は単なる祖霊信仰ではなく、そこには日本の農耕文化をめぐる、もっと奥深い歴史が隠されているのではないか、と考える人もいる。

山の神は、いずれにしても女性であるとされてきた。

それは、万物を産み落とす生命の根源としての山あるいは自然に対する、素朴な畏怖《いふ》の表現である、と考えれば不思議ではないが、ふだんは山にいて、用事があると里へ下りてくる、めったに表には登場しないが実は強い力をもっていて、怒らせると祟《たた》りがある……というキャラクター設定には、なにか秘密があるような匂いもする。

たしかに、表では夫に従うふうでいながら裏では実権を握っている、というのは世の妻のつねではあるけれども、

「うちの山の神がうるさくてねえ……」

といって会社帰りに一杯やろうという同僚の誘いを断るときのサラリーマンの口ぶりには、ただ単に、

「うちのカミさんが……」

というべきところに語呂合わせで山を持ち出した、というのではない、稲の妻のふだんの口うるささとは別格の、いうことを聞かないと祟りがありそうな、もっと怖ろしい存在を無意識のうちに示唆しているのではないだろうか……。

おせち料理のヤツガシラ

子供の頃から、お正月にはヤツガシラの煮しめをかならず食べた。

自分で料理をするようになってからも、こまごまとした正しいおせち料理をつくることはめったにないが、ヤツガシラと、焼き豆腐と、干し椎茸の三種を煮たものだけは、玉村家の定番としていまでも毎年用意している。

母は、生前、ヤツガシラはこの出店がおいしいのよ、といいながらイモの皮を剝いた。大掃除やら正月の設《しつら》えやら、あれこれ準備をしていると遅くなって、煮物の用意をはじめるのはたいがい紅白歌合戦がはじまる頃になったが、私は、ヤツガシラの皮ってチンパンジーの皮膚みたいだなあ、と思いながら母の手もとを見つめていた。

出店、というのはイモの表面がごつごつと出っ張った部分のことで、そのひとつひとつをうまく切り離して、かたちよく面をとるのが煮る前の大事な仕事だった。

出店というのはわが家の家庭内言語である。一般にはこの部分を頭に見立てたことからヤツガシラという名がついた。だから母もイモの皮を剝きながら、人の頭《かしら》に立てるような人物になりなさい、というのがお正月にヤツガシラを食べる理由だと教えてくれたのだが、焼き豆腐と干し椎茸にどんな理由があるのかは聞きそびれた。

ヤツガシラは、サトイモの一種である。

サトイモには、親イモを食べる種類と子イモを食べる種類があって、もっともふつうに私たちがサトイモと呼んでいる小さなタイプは、子イモのほうを食べる品種である。親イモを食べるタイプには、タケノコイモと呼ばれる棒状に長く伸びたものなどがある。

ヤツガシラの場合は、親イモと子イモが合体している（棒ダラと炊き合わせるエビイモもこのタイプである）。ふつうは親イモが大きく生長してその周囲に小さな子イモをつけるのだが、ヤツガシラでは親イモの生長が遅く、まわりにできた子イモの生長が早いので、親イモに子イモがくっついたまま大きくなる。ごつごつと出っ張った部分はその子イモたちで、中心にある硬い部分が親にあたる。

正月の煮物に用いられるようになったのは、十二月なかばから暮れにかけてが収穫期にあたるという季節性だけでなく、人の頭に立つ、という人生訓と、ヤツガシラの八という数字が末広がりで縁起がよいからである。もちろん子イモの数は八つとは限らないので、中国では九という彼らにとって縁起のよい数字を持ち出して九面芋と呼んでいる。

正月の料理には、それぞれの地域の食文化がいまも伝えられている。

私は東京生まれだが、父は京都の出身で、母は横浜の生まれである。京都なら正月の雑煮は白味噌仕立てで丸餅を焼かずに入れるのが常道だろうが、わが家の雑煮は関東風で、四角い焼き餅を清《す》まし汁に入れるタイプだった。具は、鶏肉と三つ葉、それに細く切った柚子《ゆず》の吸い口。カマボコも切って入れたかもしれないが、サトイモは入れなかった。

料理上手の母は、いつも台所に立って手を動かしながら、うちのお料理は関西風だから薄味なのよ、といっていた。

だとすれば、毎日の料理の味に関しては、京都生まれの父の意向に従っていた、ということになるだろう。しかし正月の雑煮に関しては、母の主張が通ったのだ。

ふたりのあいだにどんな確執や葛藤があったのかは知るよしもないが、夫婦がそれぞれ関東と関西の異なる食文化を背景にして育ってきた以上、日常を営むのにどちらの好みや習慣を採用するか、あるいはともに妥協して折衷案を探るのか、異文化が遭遇する初期にはそれなりの争いがあったに違いない。

月見だんごの秘密

地域によって異なる伝統的な食文化は、現代化した毎日の料理にはあらわれなくても、正月やお盆などの行事食には昔どおりに顔を出すことが少なくない。

私たちが、いただきます、といって食事をはじめるのは、それがカミにお供えした食事をお下がりとしていただく直会《なおらい》だからである。それではこれからカミのための食事をヒトがいただきます、と私たちは宣言しているのだ。

正月の雑煮というのも、カミに供えたものを下ろしていっしょに煮たもので、供え物にはモチのほかにもいろいろな食べものがあったから、雑多な煮物、などという、正月に似つかわしくない呼び名になったのではないかと推測されている。

雑煮の中身は千差万別で、ダイコン、ニンジン、ゴボウ、サトイモ、青菜などの野菜のほか、土地によってはブリやサケその他の魚介類や、カマボコ、こんにゃく、豆腐、油揚げ、それに柿や栗などが加わることもあった。もちろん、それにモチが入る。ほかになにが入ろうと入るまいと、雑煮にモチを入れるのは日本人の常識である。

モチなし正月、という風習をもっていた地域がたくさんある。

正月にはモチをつかず、サトイモを茹でて食べる。

モチはつくが、三が日はモチを食べずに雑煮にはモチを入れず、サトイモだけを食べ、四日からモチを入れた雑煮を食べる。

雑煮にはモチを入れず、サトイモと野菜だけを入れる。

モチも食べるが、まずサトイモだけを椀に入れて食べ、そのあとで食べる雑煮にもモチといっしょにサトイモを入れる。

……民俗学者が採集した全国各地の事例にはさまざまなバリエーションがあるが、どのケースでもサトイモが重要な役割を演じている。

雑煮だけでなく、鏡餅と並べてサトイモを三宝《さんぼう》に載せて飾るとか、ダイコンとサトイモを重ねて床の間に祭るとか、サトイモと粟《あわ》モチを柳の木の枝に刺してかまどに紐で吊るすとか、サトイモの串焼き（味噌田楽）をトシガミサマに供えるとか、正月の供え物としてもサトイモはあらゆるシーンに顔を出す。

正月だけでなく、お盆やお月見の季節にもサトイモが登場する。

サトイモの茎をズイキといい、乾燥させて食用とするが、京都の北野天神にはずいき祭という秋の行事がある。ズイキでつくった神輿《みこし》に、収穫したばかりのサトイモと稲の初穂を飾りつけて、氏子の家々をまわる祭りである。天神様というのは学問の神様である菅原道真を祀《まつ》るとされているが、天神はすなわち雷神（またカミナリが出てくる）であり、本来は農業の神様なので、この祭りはサトイモの収穫祭ではないかと見られている。

旧暦八月十五日に月を観賞する風習は、中国から伝わったものとされ、十五夜あるいは中秋の名月といわれるが、イモ名月、という別称もある。

中国では、月を愛《め》でながら月餅《げっぺい》というお菓子を食べるのがならわしで、中国人はこの季節になるとおいしい月餅を求めて夢中になる。月餅は、月に見立てた円盤形の焼き菓子で、中には豚の背脂を加えて練った甘い餡《あん》のほかに、クルミや松の実や塩漬けの卵黄（これも月に見立てたもの）などが詰まっている。ただし、中国では小麦粉を練って焼いたものを一般に餅（ピン）と呼ぶので、月餅はいわゆるモチ菓子ではない。

日本では、お月見のときに、月見だんごやモチ、ススキ、サトイモ、サツマイモなどを供えるが、中国でも古くはサトイモを供えるのが伝統的な風習だったといい、お月見の起源はサトイモの収穫祭であったという説が有力らしい。

旧暦の八月十五日といえば、現在の太陽暦では九月半ばから十月初めにあたるから、サトイモをはじめとする畑の作物がそろそろ収穫できる時期である。日本でも、各地にサトイモを主役にした月見の祭りが伝えられ、イモ名月のほか、イモの生まれ日、イモの年取り、イモ神様の祭り、などという呼び名があったという。

中国で旧暦八月十五日の夜に月を眺める風習がはじまったのは九世紀か十世紀で、その風習はすぐ日本にも伝わった。月餅というお菓子が登場するのは十四世紀の前半だそうだが、濃厚な風味の月餅をさっぱりとした月見だんごに変えたのは、日本人の嗜好に合わせた知恵だろうか。

稲作が正確に弥生時代からはじまったものかどうかはともかく、稲作が伝わる以前は、日本では焼畑農業が広くおこなわれていた。

焼畑農業では、山の木や草を焼き払って開墾し、焼けたあとの地面を耕地として、数年間だけ、雑穀や豆や根菜類を栽培する。

木や草が焼けることでできる灰は、植物の有機質が燐酸やカリに変化して肥料となり、また、土壌が焼けることで水に溶けにくい肥料素が水に溶けやすいかたちに変わって、アンモニア態の窒素やカリの量が倍増することがわかっている。森を焼くだけで肥料ができる、粗放かつ原初的ではあるが、経験的な知恵がいっぱい詰まった開墾農法である。

焼畑では、ソバやムギ、ヒエやアワ、アズキやダイズなどを、計画的に組み合わせながら一年ごとに輪作し、穀類と豆類のあとに、サトイモをつくる。複数の焼畑をもっていれば、生活に必要な食糧がつねに供給できるシステムである。

しかし、木や草を焼き払った当初は雑草の芽や種子も死滅するから除草程度の作業で耕作ができるが、そのうちに周囲から復元しようとする草木に攻め込まれて、ひとつの耕地は四、五年で放棄するのが通例である。

焼畑はおもに関東、東海から西日本および太平洋上の離島に多く見られるが、中部山岳地帯や東北地方でもその気候に適応したかたちでおこなわれており、その場合はカブやダイコン、ゴボウなどの根菜を育てる菜園型の焼畑が多かった。

が、戦前までは日本全国に七万町歩（七万ヘクタール）もあったという焼畑は、戦後になるとその生産性の低さから急速に消滅していった。

焼畑農業のスケジュールは綿密に定められていて、旧正月からはじまる鍬《くわ》入《い》れや柴刈りなどの儀式からはじまって、三月からサトイモの植えつけ、四月から五月はアワ、ヒエ、ダイズ、アズキなどの種播き、ムギを育てている場合は六月十八日（新暦七月中旬）に夏の初穂として麦のだんごを祠《ほこら》の神様に供えるなどの行事を経て、さまざまな作業が十一月まで続く。八月十五日の夜には月見をするが、この時期にサトイモがまだ収穫できていない地方では、ひと通りの収穫物が揃う九月十三日の十三夜か、二十三日の二十三夜にあらためて収穫の祝いをすることになっていた。

十五夜の月見は中国にあるが、十三夜にも月見をする習慣や二十三夜の祝いは日本独自のものだというから、おそらく日本の焼畑のカレンダーに合わせて創作したものに違いない。十五夜の月見だんごは、まだサトイモがなかったためになんとか似たものを考え出した、苦しまぎれのアイデアだったのかもしれない。

紅白歌合戦

イモと雑穀を中心とした焼畑農業は、中国南部ないし東南アジアから伝わった、稲作以前の農耕文化である。

中国の雲南省あたりからインドシナ半島北部の山地を経てヒマラヤ南麓にいたる照葉樹林帯には、古くから固有の農耕文化とそれにまつわる儀礼的な習俗があり、茶、絹、ウルシ、麴《こうじ》を用いた酒の醸造など、日本人の生活文化の祖型がすでに存在していた。

その照葉樹林文化といわれるものが、稲作が伝わる前の日本では、独自の工夫を加えた焼畑農業システムとして確立されていたのである。

この問題に関しては民俗学上のさまざまな論争があるようだが、焼畑農耕文化は狩猟採集の段階から縄文期を通じて導入され、鉄器が使われるようになった弥生時代にその独立性が消滅する……といわれている。

つまり、すでに焼畑農耕文化が成立していたところへ、あとから稲作農耕文化が入ってきたのである。そして、ふたつの異なる文化が衝突し、闘争と妥協の紆余《うよ》曲折を経た末、稲作派が勝利して、それ以来、日本は豊葦原瑞穂《とよあしはらみずほ》の国として、コメの文化と論理がすべてを支配する社会になっていったのだった。

中国の江南地方、揚子江の下流域から東シナ海を渡って北九州へ伝わった水田による稲作農耕文化は、その精緻なシステムと生産性の高さによって、旧来の焼畑農耕を駆逐しながら、西日本から列島を北上していった。

しかし、稲作が伝わった後も、山岳部に住みついて昔ながらの狩猟と焼畑をおこない、稲の導入に熱心でなかった者たちもいた。

狩猟と採集だけで生活を成り立たせるのは無理でも、焼畑農耕をやりながら、トチやシイなどの堅果や、クズやワラビなどを水にさらしてアクを抜く知恵を生かして利用しつつ、同時にシカ、イノシシなどの狩猟もおこなう一族たちである。彼らはときに共同で狩猟に出かけて獲物をカミに捧げ、火祭りをおこなって焼畑の豊穣を山の神に祈った。

正月にモチをつかない、あるいは食べないモチなし正月という風習があるといったが、地域によっては不思議な禁忌とそれを破ったときのおどろおどろしい懲罰があり、のどかな正月の風景はたちまち凄惨な陰画へと反転してしまう。

モチをつかない理由には、先祖が貧乏でモチをつけなかった過去を偲《しの》んで、とか、モチをついていたら戦争が起きたからとか、先祖が落人《おちうど》だったからとか、モチをついているときに異人（高僧、貴人、祈禱者、鬼、山姥《やまうば》など）がやってきて、くれといったが、やらなかったので、それ以後はモチをついてもまとまらなくなった、とか、いくつかのパターンがあるのだが、そのなんらかの理由でモチをつかない（つけなくなった）一団が、もし、禁忌を破ってモチをついたり食べたりしたときはどうなるか。

いわく、モチをつくと人が死ぬ。ついているモチが血の色に染まる。モチをつくと火事になる。モチを食べようとして手にとると火がついて燃えてしまう……。

なんという怖ろしい結果が待っているのだろう。

これらの正月にモチをつかない一団は、モチのかわりに雑穀や根菜で正月を祝う一団であった。つまり、焼畑農耕文化のサトイモ派だ。

サトイモ派は、はじめは独立した価値をもつ存在として大陸からやって来たコメ派と遭遇し、対立したが、しだいに形勢が不利となり、最後には追い詰められて、ついにはモチをつくのがあたりまえとなった日本のコメ社会の中で、反体制の少数派として、モチを「つけない」あるいは「ついてはいけない」異質の集団という烙印を押されて、周囲から隔離されていったのである。

民俗学者たちは、禁忌を破ったときの懲罰に、血、火事、赤い色といった象徴が共通していることを指摘する。いうまでもなく、焼畑の火が燃えさかるイメージである。

そこには、白い色を象徴とする稲作のモチと、赤い色を象徴とする火、およびアズキやモロコシ、イモ、赤カブなど、赤色系の焼畑作物との対立が示されている。

これで、日本人がなにかというと紅白を対立させる心象の、原点がわかった。

源氏と平家の争いも、大晦日の紅白歌合戦も、ルーツはその昔のコメ派とサトイモ派の争いにあったのだ。

白のコメと赤のサトイモの戦いは、白が勝利した。だから、白の源氏は赤の平家に勝ったし、紅白歌合戦も白組のほうが勝率が高い(……?)。

サトイモ派の終戦

しかし、サトイモ派は負けたといっても、一定の権利は確保した。たしかにモチなし正月の一団の中には非道《ひど》い仕打ちを受けた者もいたが、抵抗をあきらめた大半のサトイモ派は、白のモチ派と妥協して停戦協定にこぎつけたのである。

モチはつくし、食べもするが、サトイモも食べる。

モチを供えると同時に、サトイモやダイコンも供える。

モチの入った雑煮の中に、サトイモを一個しのばせる……。

サトイモの収穫を祝うべき十五夜に、キビだんごでもなくソバまんじゅうでもなく、コメの粉でつくった月見だんごを供えたのは、勝者による強制なのか、それとも敗者のおもねりなのだろうか。

いずれにしても焼畑サトイモ派は、苦悶の末、みずから敗戦を受け容れた。玉砕はせず、ほそぼそと生き残ったのである。

コメ派も、サトイモ派を追い詰めたが、殲滅《せんめつ》までしようとは思わなかった。そこが日本人の日本人たる所以《ゆえん》で、なにごとも徹底しないで曖昧に終らせてしまうのは悪いところだといわれるが、惻隠《そくいん》の情を見せて共存の道を残すのもまた捨てがたい美質である。赤いアズキを加えて炊いた赤飯を、白いモチを使わない祝いごとのときにだけ食べるのも、支配者に恭順の態度を見せながら生き延びる敗者の知恵かもしれなかった。

ところで、一連の民俗学上の論争を追いかけながら資料を読んでいたら、京都を中心とした上方には、ヒトの頭《かしら》になるように、といいながら、雑煮の中にカシライモと称してサトイモの大きいのを入れる風習がある、という記述に出くわした。

そうだったのか……。

わが家の雑煮にはサトイモは入っていなかったが、そのかわりヤツガシラを別に煮た。つまり、母は雑煮に関してはあくまでも関東風を貫いたが、ヤツガシラを別に煮ることで父の名誉を尊重したのである。夫婦の妥協というものは、どこの家庭でもそんなふうにして決着を見るのだろう。

さて、焼畑から常畑へ、常畑から水田へという時代的な変遷の中で、山の神の立場もまた変化した。

焼畑農耕の体系が独立していた時代には、山の神は山に棲んで、森の中のいちばん高い木のてっぺんで威張っていた。

それが、平地で稲作がおこなわれるようになると、ふだんは山に棲んでいるが、田んぼに稲が育っているあいだはわざわざ山を下りて田の見まわりにいく。敗者のカミとしては止むを得ない義務だろう。これが、去来するカミ、の正体である。

もともと自然の力の象徴であり、生命力の根源でもあった山の神は、人間の業《わざ》を超えた霊力をもっている。その霊力を使って、風や大雨の被害から守ったり、病気や虫や寒さの害を防いだり、太陽がほしいときは太陽を、雨がほしいときには雨を与えて、モチ派の人間たちが育てている稲を庇護してやるのである。

だが、山の神は怒りっぽい。きっと、そんな役目をさせられて、ストレスが溜まっているのだろう。だから、キレないように、山の神の怒りを買わないように、物忌みをしたり供え物をしたりして、人間のほうも気を遣う。

山の神というのは、霊力とコンプレックスがないまぜになった、なかなか面倒な存在なのである。だから、

「うちの山の神がうるさくてねえ……」

と亭主がいうとき、ふだんは主婦として家の中に押し込めている妻が、実は、いうことを聞かないと祟りがある、怖ろしい山の神の化身であることを意味している。

南太平洋の方舟

太平洋の、北はハワイ諸島、西はミクロネシア連邦、東はイースター島にいたる、一辺が五千キロを超える巨大な三角形の中にある夥《おびただ》しい数の島々では、ほぼ同一の食文化が共有されている。

タヒチ、フィジー、バヌアツ、ニューカレドニア、ハワイ。私が旅した経験がある太平洋の島はそのくらいのものだが、どこでもヤシの実のジュースを飲んでバナナを食べ、ココナツミルクで味をつけた魚と、イモと、ヤシガニと、土に穴を掘って蒸し焼きにした豚や鶏がご馳走だった。

いま太平洋の巨大な三角形の中に住む人びとは、もともとは同じ故郷から船を漕ぎ出した一団だった。

南太平洋に人類が住みはじめたのは、いまから五万年ほど前の石器時代の頃だろうといわれている。その頃はいまより百メートルも海面が低く、多くの島影を見ながら安全に航海することも、ときには島から島へと歩いて渡ることも可能だったという。

紀元前三〇〇〇年頃からは、中国南部や東南アジアからインドネシアへ移民する民族が多くなり、それに押し出されるかたちでインドネシアから海を渡ろうとする者が増えた。現在のポリネシア人の祖先は、この頃の渡海者らしい。

彼らがなぜ、羅針盤もない時代に果てしない海に向かって船を漕ぎ出したのか、いまとなっては理由も心情もわからない。民族間の抗争に負けたのか、争いになるのを避けて逃げたのか、それともせせこましい陸の暮らしに嫌気がさしたのか。なんらかの理由で彼らは、まだ見ぬ南海の島をめざして旅に出たのである。

彼らは、紀元前一五〇〇年頃までにはトンガに、同じく前一〇〇〇年頃までにはサモアに到達し、サモアの人口が増えてくると、ある者はサモアからタヒチ方面に新天地を求め、紀元前三〇〇年前後にタヒチに定着した。そしてこの稀代の大航海民族は、さらにタヒチから、北はハワイへ、東はイースター島へと旅を続けたのだ。

彼らは、海に漕ぎ出す船に、豚と、鶏と、イモの苗を積み込んだ。家族のほかに、飼っていた犬も乗せただろう。彼らの旅立ちは、ノアの方舟《はこぶね》さながらであった。

地図を見ると驚いてしまうくらいに広いこの海域に、程度の差こそあれ基本的に同一な食文化が存在しているとは信じ難いが、もとはアジアの一角から豚と鶏とイモを積んで漕ぎ出した方舟がすべての出発点であるとするならば、これらの島々がひとつの絆《きずな》で結ばれているのは不思議でない。

星を頼りの航海は、ロマンチックだったかもしれないが大胆な冒険でもあった。

しかし、上陸した島は楽園だった。

海には魚がいたし、陸にはヤシの木が生えていた。連れてきた豚と鶏を放せば、あとはイモを植えるだけだ。バナナもパンの実も、色とりどりの果物もたわわに実っている。

南の島では、ひとりあたりヤシの木が五本もあれば生活ができた。

住む家はヤシの幹とバナナの葉でつくり、ココナツの殻を燃やしてバナナの葉で包んだ魚を蒸し焼きにすれば、それで料理ができてしまう。バナナはそのままか、あるいは焼いて食べ、パンの実は焚き火で焼くとうまいが、主食にはやはり腹にたまるイモがいい。そのイモは、上陸したときに植えたのがあちこちで育っている……。

彼らが食べるイモは、キャッサバ、タロ、ヤム、サツマイモなど。

サツマイモは、原産地の中米からヨーロッパを経由してアジアに伝わったが、南太平洋には、その前にすでに南アメリカ大陸の西岸から海路で運ばれていた、という説が有力になっている。

キャッサバも、中南米の熱帯地域が原産である。南米やアフリカではマニオクまたはマンジョーカと呼ばれ、粉にして主食のように食べるが、イモからとった澱粉をタピオカとして利用することもある。日本人には馴染みの少ないイモだが、これはアメリカ大陸からヨーロッパ経由でアフリカを経て南太平洋まで運ばれた。ポリネシアでは、イモのままココナツミルクとともに煮て食べることが多いようだ。

タロ（タロイモ）は、日本のサトイモの大型のやつだと思えばよい。キャッサバもタロも、イモを掘ったときに茎の一部を土にさしておくだけでまた生えてくる、栽培するまでもなく簡単に育つイモである。

茎……といっても、タロの場合は葉柄《ようへい》といったほうがいい。大きなハート形の濃い緑色の葉が地面から何枚も伸びていて、その太い葉柄を折ってみると、組織にはスポンジのようにこまかい穴がいくつも開いている。これは水生植物の特徴だそうで、葉も、ハスと同様、水に濡れても玉になって転がる防水仕様がほどこされている。

タロは水生植物ではないが、乾いているときはふつうの土なのに、雨が降ると水溜りになってしまっていつまでも水が引かない、ほかの植物なら嫌うような環境でも平気で生きることができる、水陸両用のイモなのである。火山岩の窪みだろうと、サンゴ礁に囲まれたわずかな耕地だろうと、どんなところにも生育する。

花を咲かせたり果実をつけたりしないので、品種が安定して保たれるのも利点のひとつである。しかもイモは葉柄の繊維でできた毛を身にまとい、無駄な水分の蒸散を防いでいるから、地中でいつまでも水分と養分を貯えておくことができるのだ。

南太平洋の島に住む人びとが、高見山や武蔵丸や小錦や曙のように、驚くべき巨体とすぐれた運動能力を持っていることはよく知られている。

トンガで日本人のチームが食生活の調査をしたところ、彼らはほとんど毎日イモと魚とココナツミルクの三種類の食品しかとらないのに栄養のバランスは理想的で、一日三キロから六キロものイモを食べていて体重は常識を超えるほど多いにもかかわらず、実はきわめて健康であることが判明した。

イモは毎日かならず複数の種類を食べ、わずかな塩分をもった地下水だけで調味するというが、そのイモ類の微妙な栄養バランスと、全体に塩分の薄い食生活が、太っていても生活習慣病にかからない彼らの秘密らしい。

その巧まざる環境への適応も、「近代化」して小麦のパンや肉の缶詰が入ってきてから狂ってきた……という報告を聞かされると悲しいが、穀類がなくても多様なイモ類さえあれば、それらを主食とする生活と文化が成り立つのだということを、彼らの伝統的な暮らしは示している。

ピアノレッグと大根足

日本の畑地で栽培されるサトイモ（里芋）も、水田で栽培されるタイモ（田芋）も、ともにタロの仲間である。また、日本でヤマノイモまたはヤマイモと呼ばれるイモは、ヤムの仲間である。サトイモはタロが、ヤマイモはヤムが、それぞれ北上して温帯に適応したものである。

南アジアや南太平洋には、タロ、ヤム、バナナなどを栽培する、熱帯の根菜系農耕文化が存在していた。そのタロ類の中からサトイモだけを、ヤム類の中からヤマイモだけを栽培化したのが温帯の照葉樹林帯における根菜農耕であった。日本の焼畑農耕は、その温帯型根菜農耕のイモ類に、カブ、ゴボウ、ダイコンなどの根菜を加え、雑穀や豆類とともに総合的なシステムをつくりあげた。

なお、ヤムは温帯の原産で冷涼な気候にも適応するため、栽培種のヤムであるナガイモは東北地方の焼畑で用いられたが、ヤム類はむしろ山野に自生する「自然薯《じねんじょ》」を採集することのほうが多かった。里の畑で栽培されるタロがサトイモと呼ばれるのに対し、山に自生するヤムがヤマイモまたはヤマノイモと呼ばれたのはそのためである。

原産地がどこであっても、それぞれの野菜に固有なイメージを私たちは付与している。サトイモといえば日本的だが、タロイモといえば南国的だ。ヤマイモのとろろを食べるとき、熱帯のヤムイモを思い浮かべる人はいないだろう。

カブ、ゴボウ、ダイコン、ハクサイ……と並べると、日本の食卓が想像できる。

カブはおもにアブラナ科で、地上の青菜を大きくした種類は漬物に利用される。東日本に見られる北方型の焼畑では、カブは西日本のサトイモに相当するもっとも重要な作物であった。焼畑でつくられるカブには赤色のものが多いのも示唆的である。

カブは地中海ないしアフガニスタン、ダイコンはコーカサスないし中国華南地域というそれぞれとりとめがないくらい茫漠とした範囲が原産地の候補になっているが、日本にも早くから伝わって、さまざまな品種に進化した。とくにダイコンは、世界一多くの品種があり、日本人の食生活を支えている。

ピアノレッグ、という言葉がある。

ピアノの脚というのは、鍵盤のある本体を支える上のほうが太く、下へ行くにしたがって急に細くなる。床に接地する足の先は、折れそうに細い。欧米の女性たちはある年齢から急に太ることがしばしばあるが、彼女たちの脚はこのタイプで、これで体重が支えられるのかと心配になるほど足首が細い。

日本の女性の脚は、大根足である。

大根足というのは単に太い脚のことをいうのではない。全体はスレンダーだがそのわりには足首が太い、全体の太さがあまり変わらないタイプの足を大根足というのである。モデルは練馬大根だというが、たしかに足首はキュッと締まってはいない。しかし、ダイコンのように白い、優美な曲線を描く大根足というのは、日本的な美の理想を示すホメ言葉である。

ゴボウはキク科の二年草で、中国北部からヨーロッパにかけての広い範囲に自生するといわれるが、この植物を栽培化したのは日本だけである。

太平洋戦争のとき、日本軍がアメリカ人の捕虜にゴボウを給食として出したところ、木の根を食わせた、といって戦犯裁判で虐待の罪に問われたという有名な話がある。諸説があって真偽のほどはさだかでないが、根菜といってもあれほど細くて土くさいものはゴボウのほかにないから、たとえ作り話だとしてもよくできた話である。

アメリカでは、ゴボウはバードックと呼ばれて最近は一部の健康マニアに食物繊維のかたまりとして人気があるが、おそらく大半のアメリカ人は、いま食べても単なる木の根だと思うだろう。

カブ、ゴボウ、ダイコン……は、日本を代表する日本的な野菜といっていい。が、ハクサイは、ちょっと違う。糠漬けといえばハクサイだから、すっかり古くから日本にあるような気がするが、実は意外なほど新しい野菜なのである。

ハクサイは、日清戦争（一八九四〜九五）と日露戦争（一九〇四〜〇五）で中国大陸に出兵した日本軍の兵士たちが初めて見て、種を持ち帰ったのがはじまりだ。きっと、戦争に行っても畑の野菜ばかり見ていた農村出身の兵隊がいたのだろう。山東省の特産として山東菜《さんとうな》と呼ばれたハクサイは、たちまち人気を博した。

同じアブラナ科の結球する葉菜が、西洋ではキャベツに、中国ではハクサイになったのだから栽培の歴史は古いのに、餃子やラーメンといっしょにやってくるまで日本人が知らなかったほうが不思議である。

ハクサイとキャベツの関係

日本に伝わった年代でいえば、ハクサイよりもキャベツのほうが古い。

キャベツは、江戸時代、宝永年間（一七〇四〜一一）にオランダ船が長崎に伝え、オランダ菜と呼ばれたのが最初だが、それは結球しない立ちキャベツ（ケールの一種）だった。四季を通じて青菜に事欠かない日本では、葉を使う新しい野菜には関心が薄く、珍しい植物として観賞用となったのち、しばらくして葉ボタンに改良された。

食用のキャベツはあらためて江戸末期に渡来しているが、本格的な栽培がはじまったのは、明治になってから欧米の品種が導入されて以降である。しかし最初のうちは東京や横浜、神戸などの外人居留地の近くで、外国人用にわずかにつくられていただけだった。

夏の気温の高さや、種まきの時期の違いなど、西洋種のキャベツは栽培が難しく、試行錯誤の末、日本の風土に合ったキャベツができるようになったのは明治もなかばを過ぎてからのことだという。これを完成させたのは、東京都葛飾区の中野藤助からその孫にいたる三代の農家の奮闘の賜物であるというが、こうした栽培者の努力は、トンカツの流行と普及によって報われることになった。

トンカツは、明治二十八（一八九五）年、銀座『煉瓦亭』の木田元次郎が、豚肉のカツレツになにか野菜を添えようと思ったが適当なものがなく、忙しくて間に合わなかったので、とっさに思いついて生のキャベツを刻んで添えたのが最初とされる。

が、いまのような分厚い肉の日本的なトンカツが定着するのは関東大震災（一九二三）以降で、それまでポークカツレツと呼ばれていたのをトンカツと改名したのは、昭和初年、宮内庁の料理人だった『上野ぽんち軒』の島田信二郎である、というのが定説のようだ。

以後、卓抜なネーミングとそれまでになかった味が人気となり、上野、浅草、新宿などに続々とトンカツ屋が登場し、つけあわせのキャベツの需要が急増した。

脂っこい料理に、さっぱりとした生キャベツ。日本人が生の野菜を本格的に食べるようになったのはこのときからである。

実は、トンカツ以前にも、キャベツは日本の料理に取り入れられている。

博多名物の鍋料理、水炊きがそうである。

これは明治三十八年に、博多の中洲にあった料理屋の林田平三郎という人物が発明者であるとされている。

もちろんトンカツにしても水炊きにしても、料理というものは誰かが元祖だと言い出せば別の者が本家だと名乗り出て、最後はどちらも証拠がはっきりせずにわからなくなるのは野菜の原産地探しにも似ているが、私はこの林田さんの子孫から直接話を聞いたことがあるので、やはり林田説を支持したい。

林田平三郎は長崎県島原市に生まれ、十五歳のときに香港に渡った。そこでイギリス人の家に住み込んで、料理見習いをはじめたのである。香港のイギリス人家庭だから、中華と洋食の両方を習った。

十年ほどして帰国し、しばらくしてから中洲の料理屋で働くようになる。そこで、当時二十六歳だった平三郎が考え出したのが水炊きである。

まず、骨つきの鶏肉を水から炊《た》いて、じっくりと濃厚なスープをとる。だから水炊きというのだが、この名前も平三郎が考えた。

この鍋は大当たりして、店は大繁盛したという。水炊きの食べかたはこうである。

まずは白濁した濃厚なスープの味をそれだけで楽しみ、次に、やわらかく煮えた鶏の肉と、あとからスープに加えた野菜を、ダイダイと醬油のポン酢につけながら順に食べる。

最初にスープだけを飲み、それから中のものを食べるのはフランス料理のポトフーやブイヤベースと同じだが、それは平三郎が学んだ西洋料理のスタイルだ。

このときに使う野菜はキャベツである。

ネギやシイタケを入れてもよいし、豆腐が入ることもあるかもしれないが、中心となる野菜はキャベツでなければならない。

キャベツという野菜も、平三郎は香港ではじめて見たのではないか。
明治三十八（一九〇五）年に二十六歳になったとして計算すると、平三郎が香港にいたのは明治二十七（一八九四）年からの十年間だから、香港ではキャベツはふつうに使われていたはずだ。中国へは十七世紀のうちにオランダ人が華南地域に伝えているし、キャベツ（ケール）発祥の地ブリテン島のイギリス人なら、ハクサイよりキャベツを好んで食べただろう。

平三郎はその野菜を香港ではじめて見て、九州に帰ったら、市場で売っていたのだ。明治三十八年の博多なら、キャベツを手に入れることは難しくなかったと思う。しかし、客にしてみれば、あまり見たことのない珍しい野菜だった。

鶏肉から滲み出した濃い動物性蛋白質の味に、目新しいキャベツという野菜。

西洋料理のブイヨンの取りかたから学んだか、中華料理の火鍋子《ホイコーツ》を真似したか、洋食と中華のエッセンスをうまく取り入れて、それを日本ふうのあっさりしたポン酢で食べさせるという平三郎のアイデアはなかなかのものだが、このキャベツという珍しい野菜が加わっていたことも、新しいもの好きの博多っ子をよろこばせるキーポイントではなかっただろうか。

私はこの話を子孫の方から聞いて以来、水炊きをやるときはかならずキャベツを使うことにしているが、キャベツの入った鍋を見ると驚く人がいる。えっ、ハクサイじゃないんですか？

そう聞かれると、いちいち水炊きの由来から、ヘタをするとキャベツの歴史まで話をしなければならなくなるので面倒なのだが、そういわれてみると、鍋ものという日本的なイメージから、ネギやシイタケとともに入れるのはハクサイが常道だろう、と思う人がいるかもしれない。アンケートをして集計しなければわからないが、いまは水炊きにキャベツを入れる人より、ハクサイを入れる人のほうが多いのではないだろうか。

ハクサイは日本的、キャベツは洋風。

誰が決めたか知らないが、知らず知らずのうちにナショナリズムが生まれていく。

第6章　テンサイがつくった砂糖

トルファンからの土産

トルファンの市場で、面白いものを見つけた。

昔、カルメ焼きというお菓子があったが、あれと同じように、焦げ茶に近い濃赤色で、ブツブツと気泡の入った、握りこぶし大の硬い不定形の塊が、山のように積まれている。食品やスパイスを売っている店だから、きっと食べられるものだろうと思い、ひとかけらを手にとって端のほうをかじってみると、硬い砕片は口の中でわずかに溶けて舌の上に甘さを残した。あっさりした、ほどのよい甘さである。おいしい。これはなにか、と聞いたが、私ひとりだったので店員の言葉はわからなかった。

とにかく、いっぱいくれといって、手で大きな風袋《ふうたい》を示すと、そこにあったいちばん大きいビニール袋をとりだしたので、それにぎゅうぎゅうに詰めてもらった。値段は、信じられないほど安かった。

そのときの旅では、トルファンに三泊して、そのまま成田に直帰した。土産品は、その濃赤色の甘い塊と、干しブドウと、シャシリクの串だった。

トルファンでは毎晩、屋台でシャシリクを食べた。羊肉を小さく切って串に刺し、塩とウイキョウとトウガラシをふりかけて炭火で焼く。中央アジアからロシアではシャシリク、トルコへ行くとシシュケバブと呼ばれる串焼き肉だが、トルファンにはさまざまな食べもの屋台の集まる大きな広場があって、手製の派手な飾りをほどこしたグリルつきのシャシリク屋が何軒も並んでいる。暗い照明の下で、炭火からもうもうと煙の上がるのを見ながら、喧騒の中で食べるシャシリクはおいしかった。

三日間、シャシリクを焼くおやじの手もとをしっかり見て覚えたので、家に帰ってから同じものをつくってみようと、ウイキョウとトウガラシと、鉄の串を探しに市場にやってきて、濃赤色の塊を見つけたのだ。鉄の串は百本くらい束になっているのがあったのでまとめて買った。

ホテルに帰ってガイドに濃赤色の塊を見せたが、そんなものは見たことがないという。ビーツからつくる甜菜糖《てんさいとう》ではないか、と私は聞いたが、要領を得ない。これをもっとたくさん買って、別便で日本に送りたい、といったら、こんな安いものをわざわざ外国まで送る人はいません、と笑って取り合ってくれなかった。

トルファンの空港で、スーツケースにしまった鉄の串は、怪しい爆弾のような影が映るということで、いったんチェックインしたのをまた開けさせられた。私が衣類のあいだから鉄串の束をとりだして係官に示し、ほら、シャシリクの串だ、というとすぐにわかったが、こんなにたくさん買うのは怪しいといってまた文句をつけられた。

濃赤色の塊は、無事に持ち帰った。日本でも見てすぐにわかった人はいなかったが、甜菜糖に間違いない。あるいはその形状からすると砂糖を取ったあとの廃糖蜜の塊かもしれないが、素朴でマイルドな甘さがサトウキビの甘さとは違っていた。

甜菜は、甘い野菜、という意味の漢字を当てた和名である。砂糖ダイコンともいう。英語でビーツ（ビート）またはビートルート、あるいはテーブルビートともいう。フランス語ではベトラヴ。その濃い赤い色の根塊を煮て糖分をとりだしたものが甜菜糖だ。

調べてみると、甜菜糖は日本でも売っていた。もちろん精製されてふつうの砂糖のように袋詰めされたもので、トルファンで見つけたような塊ではないが、北海道でつくられているそうだ。日本では、明治十四年に官営の甜菜糖工場が北海道につくられ、その流れをくむ製糖会社がいまも生産を続けている。自家農場でビーツも栽培しており、寒冷な地域でしかも昼夜の温度差が大きいと根に糖分が多く貯まるので、日本では北海道がもっとも栽培に適しているという。

そんなことを調べているうちに、そういえば昔、学校で、ハッカの生産量は北海道の北見が世界一である、と教わったのを思い出した。最近はまったく聞かないが、北見のハッカはどうなったのだろう。

ハッカ、というよりいまの人にはミントといったほうがわかりやすいだろうが、漢字では薄荷と書く。ハッカを水蒸気蒸留して油を抽出し、缶に入れると、量が減って運ぶのに便利なので、「荷が薄くなる」という意味でそう書かれたらしい。

ハッカの栽培は江戸末期から北海道ではじまり、明治六年からヨーロッパへ輸出するようになった。北見のハッカは昭和十四（一九三九）年頃には世界市場の約七〇パーセントを占めており、品質も世界一と評判が高かった……。

たしかに、そうだったのだ。戦争によって頓挫した北見のハッカ輸出は、戦後になって一時復活したが、その後、貿易自由化と関税引き下げによって外国産との競争に敗れ、薄荷油の生産は一九八〇年代に入るとほぼ終息した。

甜菜糖は、近年、健康的な自然甘味料として注目を浴びつつあるようだが、こうした農産物の産業としての興隆と衰退は、時代が過ぎると簡単に忘れられてしまう。

ビーツの食べかた

ビーツは、太い根塊を皮つきのまま三十分ほど茹でると皮が指で簡単に剝けるから、それを一センチ角くらいのダイス（賽《さい》の目）に切って、サラダにする。これとマーシュという青菜を組み合わせたサラダはフランスでは定番の前菜のひとつで、ビーツの甘さが舌に心地よい私の好物である。

もちろん、マーシュがなければビーツだけを酢と油のドレッシングで和えればよいし、大きな根塊なら全部をサラダにする必要はなく、半分くらいは薄切りにして天ぷらの衣をつけて揚げてみよう。これはビールのおつまみにぴったりだ。

それでも端のほうや切り落としが残ったら、私はフードプロセッサーにかけてしまう。塩と、オリーブオイルと、隠し味程度の醬油を加えて攪拌《かくはん》すると、深紅色の美しいペーストになるから、甘みのあるソースとして肉料理に添えてもよいし、ほかの野菜を茹でたものに絡めてもよい。

あるいは、最初からそのつもりでビーツのペーストをたくさんつくっておけば、砂糖を加えて（甜菜糖でなくてもよいが）凍らせるとおいしいシャーベットになるし、いろいろなお菓子づくりに利用できる。

ビーツは、茹でている途中から色素が流れ出してお湯が真っ赤になる。皮も剝かずヘタもあまり取らないほうが多少色素の流出は少なくなるが、真っ赤になったお湯のほうも、ビーツを取りだしたあとさらに煮詰めていけば甘いジュースとして利用できるから、色素が出ることはあまり気にしなくてよい。

それよりも驚くのは、手も包丁もまな板も真っ赤に染まることだ。指が赤くなるとしばらく消えないので、外出の前に料理をするのは控えたほうがよい。まるで出血したような色だからだ。

こんなに使い勝手がよい野菜なのに、日本ではまだそれほど知られていない。秋になると近所のスーパーにも並ぶのだが、たいてい売れ残って最後は安売り品のコーナーに移動するので、それを待ってたくさん買い込むことにしている。長いこと保存がきくし、茹でてから冷凍すればさらにもつから、本当に重宝している。

寒い国の野菜だから、よく食べるのはロシア、北欧などの諸国である。

ボルシチというのは、ビーツで赤い色をつけた、肉と野菜の具だくさんのスープである。日本ではロシア料理として有名だが、もともとはウクライナの郷土料理で、ボルシチはスラヴ語でビーツのことを意味するそうだ。

ボルシチは、サワークリームといっしょに食べる。熱々のスープにサワークリームを落とすと溶けるから、赤いスープが見る見るピンク色に変わっていく。

このピンク色がまた凄い色なのだ。ビーツとサワークリームは定番中の定番といってもい組み合わせで、北欧諸国ではサラダをつくるときもビーツにはサワークリームを合わせるから、皿の上のサラダは激しいピンク色になる。私はあのピンクを美しいとは思わないが、きっと北の国の人たちは好きなのだろう。

最近は、真っ赤なビーツではなく、白っぽい肌に薄い赤色などの同心円の縞模様が入ったものなど、新しい品種が開発されている。こういうのは中の模様が面白いので、薄くスライスして生のままサラダに飾る。

フダンソウ

ビーツは、北アフリカから南ヨーロッパにかけての暖かい海岸沿いの土地に自生する植物だったが、ローマ人が北方に伝えてから寒冷地に適応し、中欧から北欧の各地で葉を食用にする野菜として栽培されるようになった。冬でも葉を繁らせる貴重な野菜として、中世のヨーロッパでは毎日のスープに欠かせない材料のひとつだった。

和名は、フダンソウという。赤い色素があるのはアカザ科だからである。ホウレンソウもアカザ科だから、寒さに強く、根元が赤い。

アカザは日本中どこにでも生えているもっともありふれた雑草のひとつだが、昔の人はアカザの若い葉を摘んで胡麻和えなどにして食べたという。私もやってみたが、わずかに赤みを帯びた葉には酸味があって、風情はあるがとくにおいしいものではない。

気温が摂氏八度以上三十四度以下なら季節を問わずに種を播くことができ、冬も葉をつけるが暑い夏もよく繁り、少しずつ葉を掻きながら収穫できるし、病虫害にも強く、連作も問題ない。一年中いつでも畑にあるから、不断草、という名がついた。英語には「永遠のホウレン草」という別名もある。

こんなに素晴らしい野菜なのに、日本では人気がなく、沖縄以外ではあまり食べられていない。アクが強くて繊維が多く、味にもこれといった特徴がない大きな葉は、脂肪分のある肉などといっしょに調理して味を滲みこませるとおいしいのだが、漬物に適さない青菜は日本では歓迎されなかったのが原因だろう。

フダンソウは、市場ではスイスチャードという名前で売られている。最近は赤だけでなく、何色ものカラフルな葉脈が美しい品種があるので、これから人気が高まるのではないだろうか。ただしスイスチャードという名前は、フランス系のホウレンソウ品種と区別するために種苗会社が勝手につけたもので、スイスとはなんの関係もない。

この野菜の根を太らせるための品種改良がはじまったのは、十二世紀頃のゲルマン系諸国であった。きっと、根を食べてみたらびっくりするほど甘かったので、根菜にしようと思ったのだろう。

十五世紀には赤い根のビーツがイタリアまで知られるようになったが、十九世紀の初めまでは、赤い根より黄色い根のビーツのほうが好まれていたといわれている。

日本でもアブラナ科の青菜の根を太らせて各種のカブをつくったように、人間の都合で植物の利用したい部分だけを太らせたり大きくしたりするのはよくあることだ。

とくに、甘みがあり、カロリーが高いビーツは、単位面積当たりのカロリー生産量がすぐれているという理由で、その後もっと根塊を肥大させた飼料用のビーツがつくられるようになった。砂糖をとるための品種が開発されたのは、さらにその後のことである。

アラブの菓子はなぜ甘いか

エジプトでは三月の上旬頃(イスラム暦三月十二日)にイスラム教の開祖マホメット(預言者ムハンマド)の生誕祭があり、このときは町中に甘いお菓子や砂糖でつくった人形が並べられる。私はちょうどこの日にカイロ市内の食堂に入ってビールを注文したら、きょうはアルコールは絶対ダメと断られ、かわりにこれを食べろといって砂糖菓子を出されたことがある。かわりにといわれても困るが、その店の主人の説明によれば、マホメットは女と甘いものが好きなので(!)女性をかたどった甘い菓子をつくって祝うのだそうだ。

そのせいか、エジプトに限らず、アラブ人のつくる菓子はひどく甘い。ヨーロッパでは、「オリエント菓子」といえば甘さのきついものの代名詞のようになっている。

サトウキビの原産地に関しては、例によって野生種は見つからず、栽培種しか存在しないので推測の域を出ないが、インド東部ベンガル湾沿岸地域ではないかとする説がもっとも有力である。ニューギニアが最初の栽培地であると考える人もいるし、マレーシア、インドネシア、インドシナ半島などでもきわめて古くから栽培されていたというが、インドでは、遅くとも紀元前一世紀までに、アーリア人の手によってサトウキビから砂糖をつくりだす技術が確立されていたものと見られている。

紀元前四世紀にペルシャ王ダリウスがインダス川流域でサトウキビをはじめて見たとき、インドにはミツバチの助けなしで蜜を生じる葦《あし》がある、といって驚いたと伝えられるが、この植物の価値をいち早く見抜いたペルシャ人たちは、サトウキビ栽培と砂糖製造のノウハウをひそかに持ち帰り、当初はこの稀少で高価な甘味の独占を図った。が、その後、他民族とのたび重なる抗争や侵略を経るうちに、東隣のインドから受け取った貴重な甘味料のつくりかたは、ペルシャ湾からアラビア半島へ、シナイ半島からエジプトへと、アラブ人たちのテリトリーにまで広がっていった。

ヨーロッパへは、噂話は届いたが、長いことサトウキビという植物そのものも、またそれからつくられた砂糖も、知られることがなかった。

ごく稀に、隊商のラクダの背に乗って遠くインドからやってきたという触れ込みの白い結晶を見る機会があったが、当時の精製されていない灰色の塩よりも白いそれを、彼らは「白い塩」あるいは「インドの塩」と呼んだのだった。

「インドの塩」は飛び切り高価な医薬品かスパイスであると考えられ、古代の文献にも記述があるが、実際にはほとんど誰もそれがなにであるかを知らず、ギリシャやローマでも、一般に手に入る甘いものといえばハチミツくらいのものだった。イチジクやブドウ、あるいはナツメヤシといった果実からも蜜液や砂糖のようなものがつくられたが、どれもハチミツ以上に甘いものではなかった。

サトウキビという植物を栽培できるのは、地中海でいえばその南半分くらいが限界なので、キプロス島から、せいぜいロードス島までは栽培が可能だが、それより北の地域では育たない。だからヨーロッパの人たちは、ハチミツよりも甘いという東洋の神秘的な植物に、強い憧れを抱いたのだった。

ヨーロッパで砂糖が途方もない値段で売れることを知ったアラブ商人たちは、いち早く砂糖の交易を独占する体制をととのえ、七世紀から八世紀にかけてバグダッドに強大な力をもつカリフ政権を樹立するようになってからは、マルタ、シチリア、キプロス、ロードス、さらにはアンダルシアへと地中海世界にサトウキビを持ち込み、栽培法と製糖技術を定着させた。

アラブ人に征服されたクレタ島は、紀元一〇〇〇年頃に製糖工場が建てられてからは、キャンディの島、と呼ばれるようになった。キャンディはアラビア語で砂糖（ざらめ）を意味する（語源はサトウキビそのものを指すインドのドラヴィダ語に遡る）言葉で、これから英語のキャンディーという言葉ができた。

アラブ人は、アジア各地で生産される砂糖を集荷するルートを独占する一方で、地中海でも砂糖を生産し、ペルシャを征服してその製糖業を再編するなど、砂糖の交易とそこから上がる莫大な利益を独占した。当時、砂糖の価格は銀と同じとされ、爛熟したアラビア文化はその経済力によって花開いた。

ルネサンス期を境として、ヨーロッパの上流階級の嗜好はスパイスから砂糖へと移りつつあったが、その憧れの砂糖は、アラブ商人とその後に加わったオスマントルコ帝国という、異教徒たちに地中海以南のルートを完全に押さえられていた。

スパイスの交易でアラブ商人と結託していたヴェネチアだけは、アレキサンドリアでサトウキビを調達して自前の工場で砂糖をつくり、それをヨーロッパに運んで高く売るというルートをつくりだしたが、ヨーロッパ諸国は産地との直接取引ができなかった。

十字軍の遠征は、コショウやクローブなどのスパイスだけでなく、砂糖を確保することも大きな目的となった。

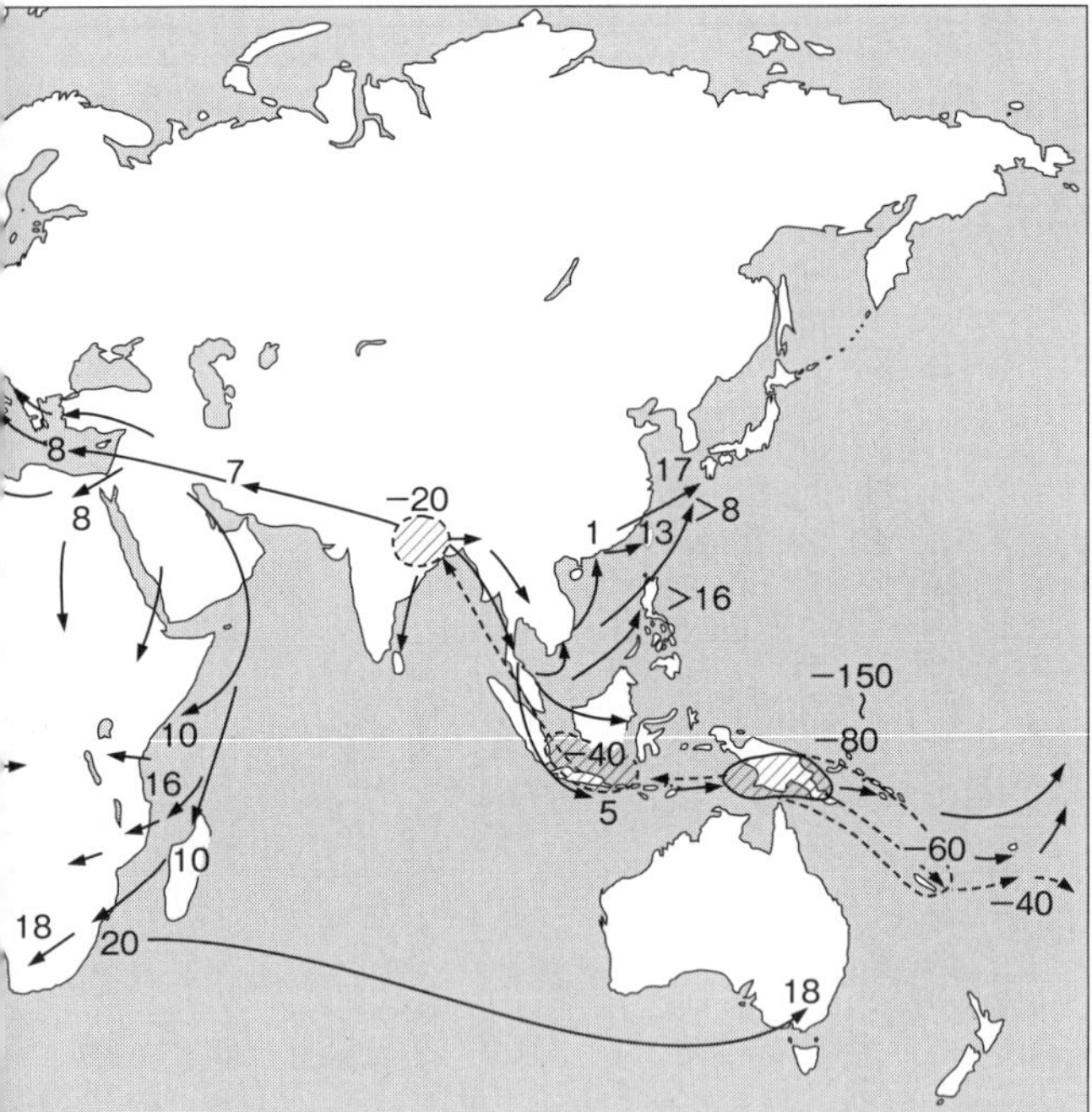

と伝播』二宮書店、1978年より）

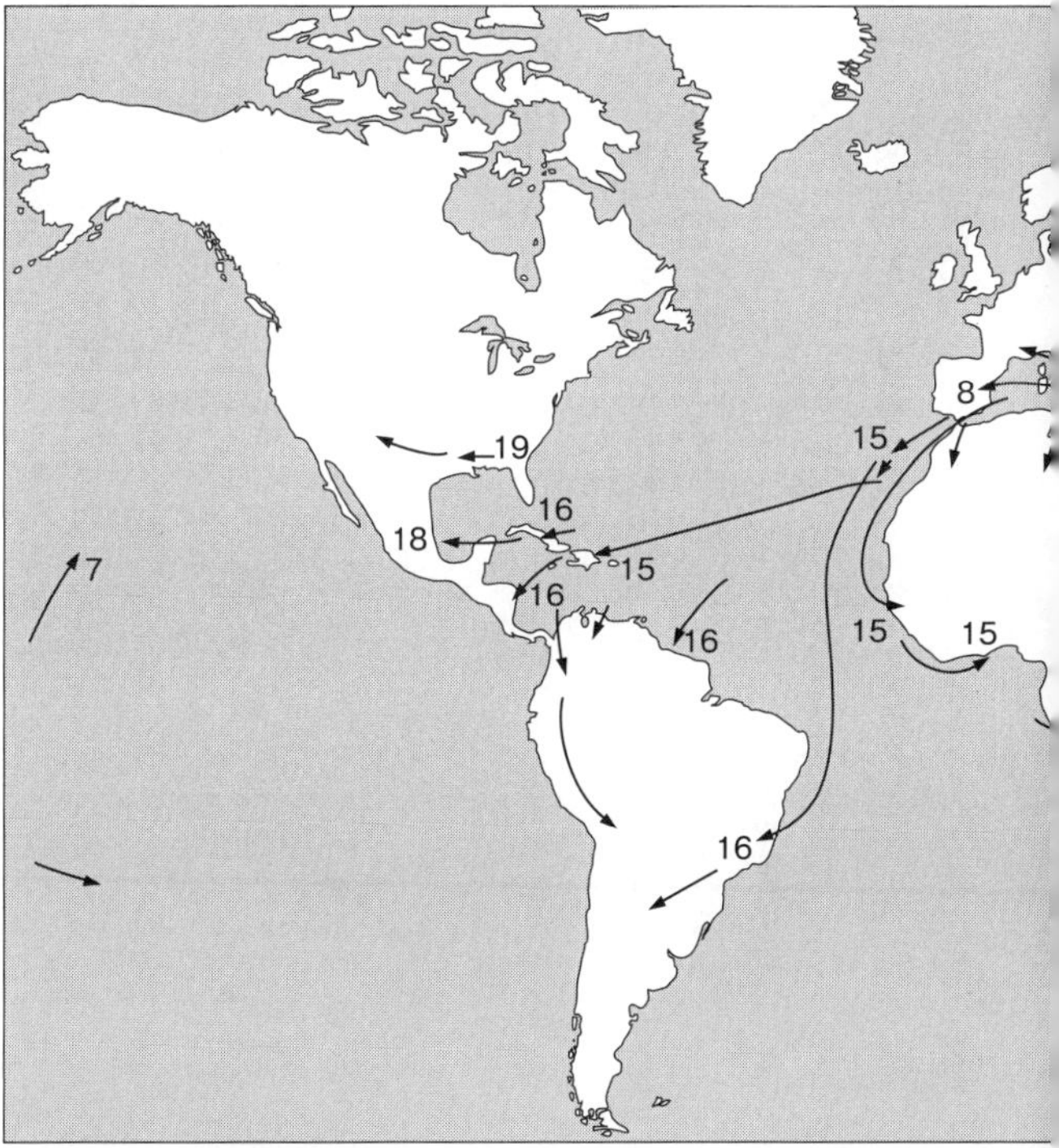

サトウキビの伝播　起源地、数字は世紀（星川清親『栽培植物の起原

ヨーロッパ諸国がアジアのサトウキビ産地と接触することができたのは、一四九八年にバスコ・ダ・ガマがインドに到達して以来である。これによってアラブ商人とヴェネチアの独占は破れ、以後、ポルトガルはインドからサトウキビを輸入してリスボンで製糖するようになると同時に、大西洋上のマデイラ島にサトウキビを移植して栽培をはじめた。が、この時代には、新大陸の発見により西インド諸島でサトウキビが栽培できることがわかったので、スペインも、オランダも、フランスも、イギリスも、占領したそれぞれの島に続々とサトウキビ農園をつくるようになっていた。

悲劇のはじまり

西インド諸島におけるサトウキビ栽培は、一四九四年、コロンブスが二度目の航海のときに植えた（節のある茎を挿せば芽が出る）のが最初とされるが、スペイン人は、早くも一五〇六年にヒスパニオラ（サント・ドミンゴ島）でサトウキビ栽培をはじめ、一五一八年にはキューバにプランテーションをつくった。征服者コルテスは、最初のうちは、

「俺は金を探しに来たのだ。百姓みたいに畑をやりにきたのではない」

といって拒否していたが、一五二四年にはクエルナバカに農場と製糖工場をつくり、砂

糖商人に転身した。

ポルトガルは、マデイラ島からもちこんだサトウキビをブラジルに植えた。

フランスは一六四〇年にアンティル諸島を統治しはじめるとすぐにサトウキビ栽培をはじめ、やや遅れて参戦したイギリスは、一六五〇年からバルバドスに農園を開いた。

砂糖がバカ高く売れる商品であることはわかっていた。だからどの国も血眼になってサトウキビを植え、搾った甘い汁を煮詰めて結晶化する工場を建設したのである。

十八世紀に入ると、ヨーロッパの砂糖の消費量は急増した。新大陸における増産によって砂糖の価格は以前ほど高くはなくなったが、そのために特別な富裕層でなくても手の届く嗜好品となり、需要はますます増大した。

西インド諸島ではじまった砂糖戦争には、大量の安い労働力が必要だった。

サトウキビの収穫も重労働だったし、砂糖工場の環境はさらに劣悪だった。

スペインは当初、先住民（インディオ）を労働者として使っていたが、彼らは過酷な労働に耐え切れず次々と命を落とした。すでに先住民は金鉱の労働に従事させられて多くが死んでいたので、砂糖工場のための人材はすぐに底をついた。

そこから、悲劇がはじまった。

カネのなる木を手放したくない植民者たちは、アフリカから、「昼夜を分かたず馬のように働かせてせいぜい半年もてばよい」……奴隷を連れてこようと考えたのである。スペインではそれ以前から本国でアフリカ人を奴隷として使用していたともいわれるが、新大陸に砂糖工場が林立するようになると、各国が争うように奴隷の「輸入」に手をそめた。

十七世紀なかばからの二百年間に、一千万人が奴隷としてアフリカ西海岸から消えたといわれている。過酷な労働に耐える黒人奴隷の利用は、サトウキビの農園からはじまって綿花やタバコのプランテーションにもおよんだ。

ナポレオンの懸賞金

奴隷が収奪されていた二百年間は、ヨーロッパが相次ぐ戦争と飢饉にあえいでいた時代である。同時に、茶、コーヒー、ココアの飲用が富裕階級のあいだで流行し、砂糖の需要が急増した時代でもあった。

ナポレオン・ボナパルトは、フランス革命の時期に軍人として頭角をあらわし、その天才的な軍事能力と稀代のカリスマ性で革命後の混乱を収拾して独裁政権を樹立し、一八〇四年にはみずから帝位について皇帝と称した。

ナポレオンの全盛期、フランスはイギリスを除くヨーロッパのほぼ全土を支配下におさめたが、縦横無尽に大陸を駆け巡って無敵を誇った天才は、世界の食文化にも多大な貢献をしている。

まず、ナポレオンは相次ぐ戦乱による食糧の逼迫《ひっぱく》に、一八一一年、馬肉食を解禁した。それまでは、馬の肉を食べることは誰もが許し難い行為であると考えていて、暗黙の禁忌があったのだが、それを逆に推奨したのである。戦場で死んだ馬の肉を食らうことも正式に許されることになり、ナポレオン軍の軍医ドミニク・ジャン・ラレーは、それ以来、行軍中に馬を食用にすることで多くの兵士の命が救われたと証言している。一八六六年には政令により正式に馬肉の市場取引が認められ、一八七〇年にパリがドイツ軍に包囲されたときは、結局は食糧がなくなって翌年に降伏することになるのだが、それまでにパリ市内の馬が六万頭以上食べられたといわれている。

しかし、この経験はパリ市民とフランス人のトラウマとなっているようで、『ラルース料理百科事典』でも、旧版にあった馬肉食の記述が新版では大幅に削除されている。

次に、ナポレオンは缶詰の開発に貢献した。

戦争による食糧不足、とくに生鮮食品の欠乏によって、国民の健康は害され、海軍は壊血病の蔓延に悩んでいた。そこで、乾燥、塩蔵、燻製など従来の方法以外で生鮮食品を保存する方法を、ナポレオンは懸賞金つきで公募した。

この懸賞金を得たのは、ニコラ・アペールが一八〇四年に発明した広口瓶にコルク栓をして湯煎で沸騰させる瓶詰め技術だったが、その後イギリスのピーター・デュランドにより金属容器に食品を入れるいわゆる缶詰に発展し、一八一二年に史上初の缶詰工場ができた。その二十年後にはフランスのアンシルベールによって蓋《ふた》をハンダづけする方法が考案され、さらに三十年後にはブリキ缶が発明されて缶切りが登場した。

缶詰は、最初はおもに軍用物資として歓迎され、アメリカ南北戦争でもおおいに利用された。ナポレオンが缶詰そのものを発想したわけではないが、戦場のための食品が後世の一般市民に多大な便益をもたらした功績は、やはりナポレオンに帰すのが妥当だろう。

三番目の功績は、ビーツによる甜菜糖の製造である。これは、世界的な影響という点ではナポレオンによる欧州制覇にも等しい快挙であった。

その頃、カリブ海のアンティル諸島を本拠に砂糖生産をすすめていたフランスは、イギリスに次ぐヨーロッパ第二位の砂糖生産量を誇っていた。しかし、宿敵イギリスはフランスによる欧州支配に対抗して、一八〇六年、海上封鎖によってフランスの港に船舶が入港することを妨害した。もちろん、標的は砂糖運搬船である。

これに対抗して、ナポレオンはみずからの支配がおよぶヨーロッパ全域の港でイギリス商品の入港を阻止し、「大陸封鎖」を宣言する。

禁輸によってイギリスの経済力を破綻《はたん》させるのが狙いだったが、逆に、そのためにイギリスの砂糖が手に入らなくなると、ヨーロッパ大陸のすべての国で砂糖が不足することになってしまうのが実情だった。それを知ったナポレオンは、一転してイギリスの砂糖をまとめて買い、高い差益を乗せて同盟諸国に売ることを考えたが、当然この策謀は各国の猛反発を食い、ナポレオンは他のなんらかの方法を考えざるを得なくなった。

争いの中心にあるのはつねに砂糖だった。

大陸封鎖によってイギリス経済を窒息死させようと考える前から、ナポレオンはイギリスの後塵《こうじん》を拝している砂糖貿易の現状を打破すべく、ひそかに奇策を練っていた。

それは、南の島でしかできない砂糖を、北の植物であるビーツからつくる計画である。

すでに一五七五年、フランスの農学者オリヴィエ・ド・セールは、ビーツの根の搾り汁を煮詰めるとシロップのようになる、といって根塊の中にサトウキビと同じ糖分（蔗糖《しょとう》）が含まれていることを示唆しているが、実際に飼料用のビーツから砂糖を抽出することに成功したのは、一七四五年、ドイツの化学者アンドレアス・マルクグラフによる実験が最初である。これを契機として砂糖用のテンサイが栽培されるようになり、マルクグラフの弟子にあたるフランツ・アシャールが本格的な砂糖の製造に成功した。

ナポレオンは早くからこの動きに目をつけていたのだが、砂糖の自国生産は島国のイギリスにとっても最重要課題で、ドイツでの成功を聞いてアシャールを招聘《しょうへい》しようとしたが失敗に終った。

素早い動きを見せたのはナポレオンのほうだった。ナポレオンはすぐさま三万二千ヘクタールの土地と百万フランの補助金を提供して、甜菜糖の生産を計画した。一八一二年に最初の製糖工場ができると、わずかの間にその数は四十に達し、甜菜糖の生産が増えるとともに世界の砂糖の価格は急激に下落していったのである。

ナポレオンの第一帝政が終ると、サトウキビの砂糖も妥当な価格に落ち着いて競争力を回復したため、甜菜糖は寒冷な地域における代替品としての地位に最終的にはおさまっていくことになるのだが、ナポレオンによる甜菜糖の大量生産は、これをきっかけに砂糖の価格が一般の手に届くレベルにまで下落し、そのことによって西インド諸島の製糖業に産業革命による技術革新を促して二百年にわたるアフリカからの奴隷収奪を終焉《しゅうえん》に向かわせたという点で、歴史に名を残す名将の、生涯最大の手柄だったといえるかもしれない。

デザートの意味

フランス料理のフルコースでは、前菜やスープのあとに温かい魚や肉の料理を食べ、それからテーブルの上をいったんかたづけて、デザートとして甘いものを食べる。

デザートという言葉の意味は、「サービスする（食器を並べる、料理を出すなど食卓の用意をする）」の反対語で、食卓の上をいったんかたづける、テーブルの上に出ているものをすべて下げる、という行為をいう。つまり、さあ、これで前半戦は終った、これからがお待ちかねの後半戦だ、という、食事の区切りを意味する言葉である。

フランス人がレストランで食事をする場合、フルコースに三時間を費やすとすると、そのうちの一時間半が料理を食べている時間、残りの一時間半がデザートを食べている時間である、といってもいい。もちろんその中には、コーヒーを飲む時間や食後酒を飲む時間、そしてなによりもえんえんとおしゃべりをする時間も含まれているのだが、それほど、フルコースの最後を飾るデザートの時間を楽しみにしているのだ。

日本料理では、煮物や酢の物など、それぞれの料理に少しずつ砂糖が使われることが多いが、フランス料理では、原則として料理に砂糖は使わない。砂糖がとびきりの貴重品として香辛料扱いされていた十六世紀頃までは、祝祭的な意味をもつ料理などに砂糖を使うことがしばしばあったが、西インド諸島でサトウキビがつくられるようになってからは、たっぷり砂糖を使った甘いものはまとめて楽しむようになり、食事の最後はテーブルをかたづけてデザートの時間にするという、現在のフルコースの順番が確定した。

デザートに出てくるものはなんだろう。焼き菓子、クリーム菓子、キャラメル、飴細工、チョコレート、アイスクリーム、果実や漿果《しょうか》のシロップ漬け……基本的な材料はバターやミルクなどの乳製品、小麦粉など古くからフランスにあるものだが、そのどれにも東インドや西インドからやってきたサトウキビの砂糖がたっぷり使われている。そのうえ、新大陸のカカオとバニラ、東洋伝来のシナモンやナツメグ……古代中世からヨーロッパの人びとが久しく憧れてきた垂涎《すいぜん》の舶来品が、これでもかとばかりに新奇な香りを撒き散らしているではないか。

フランス人は、前菜からはじまって肉料理とサラダにいたるまでのすべての皿を食べ終えたとき、いっぱいに膨らんだ腹をなでながら、さあ、ようやくここまでやってきたぞ、お楽しみはこれからだ……とデザートを前にして、高い山の頂から豊穣なプランテーションを見下ろすように、権力の高みに達した王侯貴族の満足感を追体験するのである。

アメリカ人が太った理由

西インド諸島でさかんに砂糖が生産されていた頃、アメリカ東海岸のニューイングランド植民地はバブル景気に沸いていた。

目と鼻の先にあるニューファンドランド沖では相変わらずタラがたくさん獲れていたので、大量のタラを西インド諸島に売りさばくことができた。安いタラは奴隷の食糧として引っ張りだこだった。

タラを売った帰りの船には砂糖とモラセス（廃糖蜜）を積み込んで、砂糖はヨーロッパへ輸出し、モラセスはニューイングランドに持ち帰った。モラセスというのはサトウキビから砂糖を取ったあとの搾り滓《かす》のことだが、滓といっても不純物とともにまだ六割前後の糖分が含まれているので、砂糖より安い甘味料としてアメリカ国内では砂糖よりもよく売れた。しかも、もとが安いので儲けが大きい。それでも大量に出るモラセスをすべて処理することができなかったので、ラム酒の工場がつくられた。安い原料でできるラム酒は、ニューイングランド経済にさらに大きな利益をもたらした。

西インド諸島とヨーロッパを往復する船の便数が増えるとともに造船の需要が高まり、ニューイングランドの造船業は空前の景気だった。開発資金も潤沢で、船はますます高性能になり、アフリカ西海岸までの航海が可能になった。

その結果、アメリカからは干ダラとラム酒を積み、帰りには買った奴隷を積み込んで西インド諸島に売り、またアメリカ本土にも連れ帰るという、新たな三角貿易が成立することになった。アフリカで奴隷を買うときの代価は、ラム酒か、干ダラか、スペインの金貨か、そのいずれかで支払うことになっていた。

西インド諸島の砂糖景気で、奴隷の小屋や製糖工場をつくるための木材も、サトウキビを搾るときの動力となる馬も、プランテーションに群がる連中の食糧となる豆もタマネギもジャガイモも、小麦も小麦粉もトウモロコシも、牛も豚も塩漬け肉も、ありとあらゆる食糧が飛ぶように売れ、アメリカの経済は空前のバブルに酔いしれた。

ニューイングランド植民地がはじめた三角貿易が十八世紀に入って確立すると、イギリス本国との利害の対立があらわになっていき、結局はそれが合衆国独立への引き金ともなるのだが、その頃にはすでにアメリカは、砂糖貿易の上前を掠《かす》めることで独立をめざすに十分な富を貯えていたのである。

空前の好景気は、一般のアメリカ国民にも豊かな生活をもたらした。

一八六一年の南北戦争の頃までは、砂糖は高価だったので、アメリカの家庭では安く手に入るモラセスがもっぱら使われていた。

北部地域にはメイプルシュガーもあったが、もっと安いマスカヴェイドという粗糖が人気だった。これはブラウンシュガーよりもっと精製度の低い、モラセスを大量に含んだ粗糖で、大きな塊になっていたので、食料品店には客に売る前にその塊を小さく砕く専用の道具が用意されていたという（トルファンの甜菜糖もそれに近いものか……）。

十九世紀になると甜菜糖の登場によってサトウキビの砂糖は価格が下落し、南北戦争のために一時的に高騰したものの、すぐに落ち着き、一八八〇年頃からは両者の価格差がほとんどなくなった。

この頃から、アメリカの家庭では瓶詰めのジャムづくりがブームになった。

南北戦争の直前に発明されたメイソン・ジャーという、金属製の薄い円板とゴムバンドのついた蓋が二重になった気密性のよいガラス瓶（いまでも世界中で使われている）が爆発的に売れ、主婦たちはあらゆる果物でジャムや砂糖漬けをつくった。ジャムや砂糖漬けにはモラセスもブラウンシュガーも適さなかったので、圧倒的に白砂糖が売れ、一八八〇年から一九一五年までの三十五年間にアメリカの白砂糖の消費量は倍増した。

安く手に入るようになった白砂糖は、発展途上のアメリカを支える貧しい労働者の味方でもあった。ジャムをたっぷり塗ったパンと、栄養はないがカロリーがある白砂糖をたっぷり入れた飲み物は、彼らに欠かせないエネルギー源となった。

こうしてアメリカ人はさらにたくさんの砂糖を消費するようになり、その量はヨーロッパの平均を大きく上回ることになったのである。

今日にまで問題を引きずるアメリカ人の肥満がこの時期に胚胎《はいたい》していたことは間違いないが、砂糖に夢中になったのはアメリカ人だけではない。

一八〇〇年までに世界の市場を通じて消費者に渡った砂糖の総量は、約二十五万トンと推定されている(この時期まではほぼ全量がヨーロッパで消費されていた)。

それが、甜菜糖が普及する直前の一八三〇年には約六十万トンになっており、一八六〇年にはサトウキビの砂糖と甜菜糖を合わせて百四十万トン近くまで跳ね上がった。さらに一八九〇年には、世界の砂糖生産量は六百万トンを超えた。

現代の状況は、国連の統計によれば、世界の砂糖生産量は一九八〇年には年間一億トン前後だったものが、二〇〇〇年代に入ってからは一・五億トン前後で推移している。

これほどまで急激に世界中に普及した食品はほかに例がないといわれるが、十九世紀の末からわずか百余年のあいだに、世界中が砂糖漬けになっていったのである。

なお、おもな生産国はブラジル、インド、中国。内訳はサトウキビが七割、甜菜糖が三割で、最大の消費国は、さすがに原産地だけあって、インドである。

ニューヨークの街角で

グラウンド・ゼロの土を踏んだのは、二〇〇二年の冬、あの忌まわしい事件の四ヵ月後のことだった。

ビルのあった場所には残骸の鉄塊が安置され、たくさんの花束が捧げられていた。ゼロ地点から周囲を見上げると、高層ビル群がたがいの姿を壁面に反映しあって、複雑な曲線の紋様を描いていた。

私は黙禱《もくとう》を捧げたあと、マンハッタンの中心街へ戻ろうとブロードウェイのほうに歩いていった。その日のニューヨークは、とりわけ厳しい寒さだった。

通りを歩いていくと、温かそうな湯気が出ている屋台があった。近づくと、そこはファラフェルを売る店だった。

ファラフェルは、豆を潰して丸い団子のようにして油で揚げたもので、薄いピタパンにトマトやキュウリなどの野菜といっしょにはさんで食べる。ニューヨークの街角でよく見かける、エスニックのファストフードだ。

エジプトでは、同じものがターメイヤという名前で売られている。カイロの街にはターメイヤを揚げながら売る店がいくつもあって、近所の住民やサラリーマンたちで賑わっている。安いスナックだが、けっこう腹が張るので食事がわりにする人も多い、エジプトの国民食といってもいいくらいポピュラーな食べものだ。

ファラフェル、ターメイヤと名前は異なるが、実はほとんど同じものだ。豆はソラマメかヒヨコマメ。刻んだタマネギやニンニク、それにコリアンダーその他の香辛料を混ぜて丸めるつくりかたも同じで、同様の豆料理を好んで食べる習慣は、エジプトから、パレスチナ、レバノン、シリアなど地中海東岸、アラビア半島南部、さらにイランにいたるまで、広大な範囲におよんでいる。

この広大な範囲に暮らす人びとは、ほとんどがイスラム教徒である。イスラエルのユダヤ教徒は圧倒的な少数派だ。しかし、宗教に関係なく、中東の食文化は共通である。

受け取ったファラフェルから、両手に温もりが伝わってくる。

同じ風土に育まれ、同じ食文化をもつ人びとが、なぜこんな不毛な諍《いさか》いを続けなければいけないのだろう。

クリスマスが終ったばかりのニューヨークの街角には、クリスマスツリーのモミの木がゴミ置場に山のように積まれていた。あの頃から毎年切り出しては捨てるツリーの無駄が問題になっていたが、環境にうるさくなったいまはようすが変わっているだろうか。

クリスマスは、一月六日の公現祭（エピファニー）まで年をまたいで続く祭りなので、十二月二十五日を過ぎてもクリスマスの飾りは取らないが、私がこの街に着いた日にはすべての行事は終っていた。

公現祭は、キリストが民の前に顕現した日を祝う祭りで、この日には小さな陶製の人形を中に入れて焼き菓子をつくり、切り分けてその人形が当たった人はその日一日だけ王様になれる、という風習がある。フランスではこの日が近づくとガレット・デ・ロワ（王様のガレット）という円盤形のお菓子が店先に並ぶが、ニューヨークでもカトリック教徒の家庭では同じようなお菓子を焼くかもしれない。

この焼き菓子は、昔はソラマメを中に入れて焼くのがならわしだった。ソラマメは、ヒヨコマメやレンズマメと並んで旧大陸で古くから食べられていた豆で、古代には、生と死の象徴、とされていた。

エジプトでは、ソラマメ畑は死者の魂が再生を待つ場所であるといわれた。ギリシャやローマでは、ソラマメは神への供物として、春の播種《はしゅ》の祭りではソラマメを介して再生の祈りが捧げられた。また結婚式の贈りものとしては、一粒のソラマメは一人の男の子をあらわし、死んだ祖先の霊がソラマメの中で子供に生まれ変わると信じられていた。

生と死は切れ目なくつながる一続きのもので、ひとつの死はひとつの再生にほかならない。焼き菓子に入れる人形は赤ん坊をあらわしている。人形のかわりに小さな魚を象《かたど》った陶器の粒を入れることもあるが、魚はイエス・キリストの表徴であると同時に、魚座から牡羊座へと変わる新しい春のシンボルでもある。

私は、グラウンド・ゼロからブロードウェイに向かうあいだに、温かいファラフェルを食べ終った。

ファラフェルに入っていた豆は、ヒヨコマメのようだ。エジプトのターメイヤはソラマメでつくることが多いが、イスラエルのファラフェルはヒヨコマメでつくる。もちろんアメリカのファラフェルはユダヤ系だから、揚げ団子の中は緑色ではなかった。

ソラマメには、食べた人の体質によっては中毒症状をおこす、ある種の有毒物質が含まれている。日本人にはいないとされるが、イラク人やクルド人の中にはソラマメ中毒にかかる人が多いという。建国当時のイスラエルでは、国外からの移民が集中したため深刻な肉不足がおこり、安価で蛋白質に富むファラフェルは多くの人を助けたが、移民の中にはソラマメ中毒で命を落とす者もあったので、それ以来、イスラエルではソラマメのファラフェルをつくらなくなったという。

公現祭も、もとはといえば地中海東岸から小アジア（トルコ）にいたる広い地域に伝わる古い土着的な祭りで、それがユダヤ教、キリスト教、ギリシャ正教などの教義によってそれぞれ異なる祭祀へと変わっていったものである。宗教の違いはあるにせよ、同じようなものを食べる民族がともに平和に暮らすことはできないのだろうか。

ニューヨークの街を歩くと、いつも不思議な感慨を抱く。

イギリスのヨークと、オランダのアムステルダムを思い出すからだ。

ニューヨークという名前は、一六六四年にイギリス人がこの街を征服したとき、のちのイングランド王ジェームズ二世となるヨーク公の名前から取ったというのだから、新しいヨーク、という名前ではあってもイングランド北部の古都ヨークを偲《しの》ばせるものはなにもないのだが、私は名前を聞くと、つい、木と漆喰《しっくい》でつくられた中世の建物が残る、城壁に囲まれた落ち着いた古都の街並みを思い出す。

この街は、新しいヨーク、と名づけられる前は、新しいアムステルダム、と呼ばれていた。一六一四年頃から、オランダ人が毛皮貿易の拠点として植民をはじめたからである。毛皮はこの地域にたくさん棲んでいたビーバーの毛皮で、オランダ人が移民をはじめたのはグラウンド・ゼロに近いマンハッタン島の南端だった。

それから五十年後、オランダは植民地としていたマンハッタンを含む現在のニューヨーク州にあたる土地を正式にイギリスに譲り、交換条件として、「東インド」のラン島と、南アメリカ大陸北東岸のスリナム（ギアナ）などを獲得した。

ラン島は、インドネシアとニューギニアの中間にあるバンダ諸島のひとつで、縦三キロ横一キロ足らずという小島である。

が、香料諸島と呼ばれたモルッカ群島の南端に位置するバンダ諸島は、高価なスパイスを生むナツメグの木（ニクズク）の原産地だった。ナツメグの木はバンダ諸島にしか生えておらず、しかもその大半はラン島にあった。

バンダ諸島のナツメグは中世まではアラブ商人の手でヴェネチアに運ばれていたが、十七世紀初頭にイギリス人がラン島に上陸、それをまもなくオランダ人が制圧してナツメグ貿易を独占する。イギリスは第一次英蘭戦争（一六五二〜五四）に勝利してこの島を奪うが、第二次英蘭戦争（一六六五〜六七）では敗れて、フランスなども参加した停戦協定により、オランダはラン島の主権を回復した。オランダがいまのニューヨークよりも価値があると考えたのはナツメグであり、その後もその独占は莫大な利益をもたらした。

最終的にはイギリスが一八一〇年にバンダ諸島の他の島を制圧し、そこにあったナツメグの木をセイロン（スリランカ）やシンガポールなどの自国の植民地に移植したことで、オランダのナツメグ独占は終止符を打つことになった。

スリナムは十七世紀に入ってからイギリスとオランダが黒人奴隷を使用してタバコ栽培をおこなっていた地域で、両国の領有権の争いも同時に決着がついたわけだが、もし、オランダがナツメグもタバコもあきらめてニューアムステルダムを選んでいたら、いまでもニューヨークはニューアムステルダムだった……と思うと面白い。

こういう話はほかにもある。アンティル諸島のグァドループ島はフランスの植民地だったが、一時英国軍により占領された。そのときフランスはイギリスに対して、グァドループを返してもらえればカナダ全植民地を譲る、といって交渉したというから、サトウキビの魔力もまた大きかった。

街を歩いているだけで、ソラマメやヒヨコマメや、ナツメグやサトウキビをめぐる世界の歴史がよみがえる。

人間は豆と野菜と穀物があれば生きていける。寒い地域では肉も必要かもしれないが、わずかな量で事足りる。しかし、いや、だからこそ、というべきか、香辛料や砂糖など、なければないで済ませることのできる贅沢品が、高い値段で売れるのだ。

原野に生えている野草から大切に野菜を育ててきた人間の慎ましい暮らしと、その矩《のり》を超えた限りない人間の欲望は、いったいどこへ向かおうとしているのだろうか。

そんなことを考えながらブロードウェイの裏通りに入っていくと、道路の両側はレンガ造りの古いビルで、正面に階段とクレーンがついた構造は、アムステルダムの古い建物にそっくりだ。

私はファラフェルを包んでいた紙を丸めて、道端のゴミ置場に積んであるクリスマスツリーの枝の下に押し込むと、冷たくなった手をコートのポケットに突っ込んで歩き出した。

少し寒いけれど、このままセントラルパークを通り抜けて、ハーレムのほうまで歩いてみようか。

あとがき

フィンランドのバス停で、後方のシートにいた私が降りようとして席を立つと、前のほうで三人の乗客がほぼ同時に立ち上がった。

前方のドアが開いて、三人が順番に降りる。お年寄り、青年、中年の女性。みんな、ドアのステップに足をかける前に、運転席を振り向いて声をかけていく。

「キートッシュ！」

ドライバーも、ニコニコしながら言葉を返す。

「キートッシュ！」

ありがとうという言葉を、こんなにさりげなく、しかも心をこめて交わすことができる人たち……。私はフィンランドという国がいっぺんに好きになったこの瞬間をいまでもよく覚えているのだが、とりわけ三人目の女性の姿は印象に残っている。白いシャツを着て亜麻色の長いスカートをはいていた彼女が、キートッシュ、といって振り向いたとき、手に一本の赤いニンジンをもっているのが見えたからである。

それは夏の終わりの、まだ太陽が輝かしい季節だった。

私はミッケリという町でザリガニ祭りがおこなわれると聞いて出かけていったのだが、それは、秋がやって来る前に湖や小川にいるザリガニを浚《さら》ってみんなで食べるという行事で、町の広場には大鍋でザリガニを茹でる準備がしてあった。またこの時期には、大人も子供も、野原に生えているベリーやカラントを収穫するのに忙しいようだった。

北欧の長く暗い冬を前にして、ニンジンがあればウサギのように食べる……。

私は、バスを降りるとまた手にしたニンジンをぽりぽりかじりはじめた女性の背を見送りながら、人間が生きるためには本当に野菜が必要なのだということを、深く心に刻みつけた。

あの光景を見て以来、いつか書きたいと思っていた野菜についての本をそろそろ書こうかと、本棚の書物や資料をひさしぶりにひっくり返して調べはじめたら、面白くてやめられなくなった。

外国に旅行したときはかならず本屋に入り、自分が読める英語かフランス語で書いてある料理や野菜に関する本があれば、とりあえず買って帰る。

が、ざっとページを繰って写真を眺めたあとは、本棚に突っ込んでそのままにしておくことが多い。料理のレシピは必要に応じて参考にするが、野菜の歴史や栽培について書かれた本は、それに関する原稿を書くときに資料として読むだけで、全巻を通読することはめったにない。

今回の執筆は、蔵書を総点検するには最高の機会だった。

必要な項目を調べるために新しく買った本も数冊あるが、そのほとんどは、もっているはずなのに本棚に見当たらない、どこかに紛れ込んだか人に貸してそのままになっている本だった。だから蔵書の総ざらいは、自分の頭の中にある書物の断片を繫ぎ合わせて復元する作業に似ていた。新しい知見に関しては、インターネット上のさまざまなサイトの記述に助けられた。

自分の旅の体験をもとにして、そこから思いついたことを資料で調べたり確認したりするわけだが、旅の体験にも風化したものがあるから、記憶違いも多いだろう。

また、信頼のおける著書や情報であっても、比較すると異同がたくさんあることがわかる。が、いずれにしても過去の歴史についてはは自分で現場に行くわけにはいかないのだから、誰かの報告や解釈に従わなければならない。最終的には自分の判断でもっとも妥当と思われるものを採用したが、きっと私の不勉強ゆえの誤りがいっぱいあるに違いない。

私の仕事は、ツアーガイドのようなものだと思っている。

目の前にある風景を指さしながら、そこに見えているものがなんであり、どういう歴史や文化の背景をもっているかについて、本で読んだ話や人から聞いた話を紡ぎ合わせながら、自分の体験を交えて説明する。直接一次資料にあたって精緻な検証をおこなうわけではないので、説明に多少の独断や想像が入ることがあるかもしれないが、旅行者に面白く興味をもってもらえることを大事にする……。

さて、世界の野菜をめぐる紙上の旅は、面白かっただろうか。

ふつうの旅と同じように、ひとつかふたつ、思い出に残りそうなエピソードが見つかったとしたら、ガイド冥利《みようり》に尽きるというものだ。

二〇一〇年　初夏

野菜畑の見える書斎で

参考文献

本文の記述のために参照したおもな文献を左に掲げる。それらの中には一部を引用または引用に近いかたちで使用した文献もあるが、煩雑になるので本文中にはその箇所を示していない。多くの著者のご教示に、心から謝意を表します。

和文、欧文の順で、比較的参照頻度の高かったものを先に記したが、分野別にまとめたところもあり、順は不同。訳書については、和文欧文を含めて原著の題名等は記していない。辞書事典類も割愛した。

『栽培植物の起原と伝播』星川清親、二宮書店、1978

『作物のなかの歴史』塩谷格、法政大学出版局、1977

『日本の野菜　果菜類・ネギ類』青葉高、八坂書房、1982

『日本の野菜　葉菜類・根菜類』青葉高、八坂書房、1983

『野菜』青葉高、法政大学出版局、1981

『図説・野菜の生育』藤井平司、農山漁村文化協会、1978

『サラダ野菜の植物史』大場秀章、新潮社（新潮選書）、2004

『野菜博物誌』草川俊、日本経済評論社、1980
『植物民俗』長澤武、法政大学出版局、2001
『稲作以前』佐々木高明、日本放送出版協会（NHKブックス）、1971
『イモと日本人』坪井洋文、未来社、1979
『稲を選んだ日本人』坪井洋文、未来社、1982
『人間は何を食べてきたか』NHK取材班、日本放送出版協会（NHKブックス）、1985
『トンガ式健康法の変化に学ぶ』全国食糧振興会、農山漁村文化協会、1986
『とんかつの誕生』岡田哲、講談社（講談社選書メチエ）、2000

『世界食物百科』マグロンヌ・トゥーサン＝サマ／玉村豊男監訳、原書房、1998
『おいしい野菜』ジャン＝マリー・ペルト／田村源二訳、晶文社、1996
『甘さと権力』シドニー・W・ミンツ／川北稔・和田光弘訳、平凡社、1988
『トウガラシの文化誌』アマール・ナージ／林真理・奥田祐子・山本紀夫訳、晶文社、1997
『食物と歴史』レイ・タナヒル／小野村正敏訳、評論社、1980
『世界を変えた野菜読本』シルヴィア・A・ジョンソン／金原瑞人訳、晶文社、1999
『世界を変えた植物』ベルタ・S・ドッジ／白幡節子訳、八坂書房、1988
『スパイス・オブ・ライフ』S・グリンバーグ、E・L・オーティス、ハウス食品工業株式会社、1984

FOOD, Waverley Root, Simon and Schuster, 1980
LE GRAND DICTIONNAIRE DE CUISINE, Alexandre Dumas, Henri Veyrier, 1978
VEGETABLE, Roger Phillips & Martyn Rix, Pan Books Ltd, London, 1993
LES LÉGUMES, Désiré Bois, Comedit, 1995
LES LÉGUMES, William Wheeler, Du May, 1996
LÉGUMES D'AUJOURD'HUI, Sue Stickland, Terre Vivante, 1998
MEDIEVAL CUISINE OF THE ISLAMIC WORLD, Lilia Zaouali, translated by M.B.DeBevoise, University of California Press, 2007

LE CHOU, William Wheeler, Éditions du Chêne, 1997
VOYAGE DE L'AUBERGINE, Nina Kehayan, Éditions de l'Aube, 1994
CAROTTES, JE VOUS AIME..., Béatrice Vigot-Lagandré, Le Sureau, 2003
RED HOT PEPPERS, Jean Andrews, MacMillan Publishing Company, 1993
THE GREAT CHILE BOOK, Mark Miller, Ten Speed Press, 1991
LA ROUTE DES ÉPICES, Cathrine Donzel, Bordas, 1987

LES LÉGUMES RARES ET OUBLIÉS, Victor Renaud, Rustica, 1991
LES LÉGUMES OUBLIÉS, Elisabeth Scott, Éditions du Chêne, 1995
A LITTLE HISTORY OF IRISH FOOD, Regina Sexton, Kyle Cathie Limited, 1998
LE BOUIL ET LE TIAN, Glaudi Barsotti, Edisud, 1996
ETHNOCUISINE DE PROVENCE, Maguelonne Toussaint-Samat, 1982
NEW BRITISH CLASSICS, Gary Rhodes, BBC BOOKS, 1999
THE FOOD AND COOKING OF TURKEY, Ghillie Basan, Lorenz Books, 2007
PORTUGUESE COOKING, Carol Robertson, North Atlantic Books, 1993
COZINHA TRADICIONAL PORTUGUESA, Maria de Lourdes, Modesto Verbo, 1982
LA GRAN COCINA PERUANA, Jorge Stanbury, Aguirre Peru Reporting, 1995

講談社現代新書　2055

世《せ》界《かい》の野《や》菜《さい》を旅《たび》する

二〇一〇年六月二〇日第一刷発行　二〇二一年一一月八日第七刷発行

著　者　玉《たま》村《むら》豊《とよ》男《お》

発行者　鈴木章一
発行所　株式会社講談社
東京都文京区音羽二丁目一二―二一　郵便番号一一二―八〇〇一
電　話　〇三―五三九五―三五二一　編集（現代新書）
〇三―五三九五―四四一五　販売
〇三―五三九五―三六一五　業務
装幀者　中島英樹
印刷所　豊国印刷株式会社
製本所　株式会社国宝社
定価はカバーに表示してあります　Printed in Japan

N.D.C.596　254p　18cm
ISBN978-4-06-288055-8

「講談社現代新書」の刊行にあたって

教養は万人が身をもって養い創造すべきものであって、一部の専門家の占有物として、ただ一方的に人々の手もとに配布され伝達されうるものではありません。

しかし、不幸にしてわが国の現状では、教養の重要な養いとなるべき書物は、ほとんど講壇からの天下りや単なる解説に終始し、知識技術を真剣に希求する青少年・学生・一般民衆の根本的な疑問や興味は、けっして十分に答えられ、解きほぐされ、手引きされることがありません。万人の内奥から発した真正の教養への芽ばえが、こうして放置され、むなしく滅びさる運命にゆだねられているのです。

このことは、中・高校だけで教育をおわる人々の成長をはばんでいるだけでなく、大学に進んだり、インテリと目されたりする人々の精神力の健康さえもむしばみ、わが国の文化の実質をまことに脆弱なものにしています。単なる博識以上の根強い思索力・判断力、および確かな技術にささえられた教養を必要とする日本の将来にとって、これは真剣に憂慮されなければならない事態であるといわなければなりません。

わたしたちの「講談社現代新書」は、この事態の克服を意図して計画されたものです。これによってわたしたちは、講壇からの天下りでもなく、単なる解説書でもない、もっぱら万人の魂に生ずる初発的かつ根本的な問題をとらえ、掘り起こし、手引きし、しかも最新の知識への展望を万人に確立させる書物を、新しく世の中に送り出したいと念願しています。

わたしたちは、創業以来民衆を対象とする啓蒙の仕事に専心してきた講談社にとって、これこそもっともふさわしい課題であり、伝統ある出版社としての義務でもあると考えているのです。

一九六四年四月　野間省一